富田の

新装版

英語 下

長文問題

解法のルール144

代々木ゼミナール講師

富田一彦

大 和 書 房

富田の
【英語長文問題】
解法のルール144

Contents
目次

❽早稲田大学理工学部　97年度

❾ 青山学院大学法学部　99年度

〈上巻〉

6

英語長文読解問題【解法研究】

早稲田大学理工学部

1995年度

次の英文を読んで、その内容と一致するものを、下に与えられた
a～m の中から四つ選びなさい。

All over the world the number of wild animals has been diminishing steadily
and remorselessly, and many lovely and interesting animals have been so
reduced in numbers that, without protection and help, they can never re-
establish themselves. Of course, in the last decade or so much has been done
for the protection of wild life: *sanctuaries and *reserves have been started,
and the reintroduction of a species into areas where it had become extinct is
taking place. But although much is being done, there is still a very great deal
to do. Unfortunately, the majority of useful work in animal preservation has
been done mainly for animals which are of some economic importance to man,
and there are many obscure species of no economic importance which,
although they are protected on paper, as it were, are in actual fact being
allowed to die out because nobody, except a few interested zoologists, con-
sider them important enough to spend money on. As mankind increase year
by year, and as he spreads farther over the globe burning and destroying, it is
some small comfort to know that there are certain private individuals and
some institutions who consider that the work of trying to save and provide a
place of safety to these threatened animals is of some importance. It is
important work for many reasons, but perhaps the best of them is this: man,
for all his genius, cannot create a species, nor can he recreate one he had
destroyed. There would be a dreadful outcry if anyone suggested destroying,
say, the Tower of London, and quite rightly so; yet a unique and wonderful
species of animal which has taken hundreds of thousands of years to develop
to the stage we see today, can be wiped out without more than a handful of
people raising a finger or a voice in protest. So, until we consider animal life
to be worthy of the consideration and reverence we bestow upon historic
monuments, there will always be the animal refugee living an insecure life on
the edge of extinction, dependent for existence on the charity of a few human
beings.

*sanctuary: area where by law it is forbidden to kill birds, animals, etc.

*reserve: place or area reserved for the preservation of wild animals.

a. If we stop killing animals, their number will be restored without further help.

b. Though many useful attempts to protect wild animals have been made in the recent years, they are not enough.

c. Today, to save a species of animal or not chiefly depends upon whether it is economically valuable to man or not.

d. Even the zoologists are quite satisfied with just writing papers about the extinct animals and want to do no more.

e. Except for a few zoologists, many people think that every animal is worth being saved, even if it costs money.

f. To try to save only the important animals has no meaning. We should rather leave them as they are.

g. Because of their limitations, the private efforts to save some animals have no meaning.

h. The best reason why we ought to protect animals is that we cannot make a new species or recreate an extinct one.

i. Many people were upset when the Tower of London was destroyed.

j. The Tower of London originally was built as an animal sanctuary.

k. Compared with the importance of saving wild life, we can ignore the value of man-made things even if they are the things which have seemed very precious to us.

l. Most people appreciate the fact that each unique and wonderful animal is the result of a long period of development.

m. As we have not realised the real value of animals, the animals have no other choice but to depend upon the protection of a few people.

1. 【全　訳】

　世界中で野生動物の数は確実に容赦なく減り続けている。そして多くの愛らしくも興味深い動物たちが、保護と援助を与えなければ、自力では種の安定を回復することができないほどに減ってしまっている。もちろん、過去10年ほどの間、

12

野生動物保護のために多くの対策が施されてきた。動物の保護区が設立され、絶滅してしまった地域にもう一度同じ動物たちを定着させる試みが行われている。だが、多くのことが行われているものの、まだまだ十分とはいえない。残念ながら、動物保護に関する意味のある活動は、人間にとって経済的に意味のある動物に対して主に行われており、そのため多くの目立たない、経済的に意味を持たない動物たちが、理論上は保護されていることになっているものの、実際にはごく少数の動物学者以外の人があえて金をかけるほどの重要性を見いだせないという理由で、死に絶えるがままになっているのだ。人類は年々増加しており、しかもこの地上で放火と破壊を繰り返しながらより多くの地域にはびこりつつあるので、こうした危機に瀕している動物たちを救い、その動物たちに安全なすみかを提供しようとする試みにはそれなりの意味があると考える人や団体があると知れば、それはいくらかの安心材料となる。このような試みが重要なのには多くの理由があるが、わけても最大の理由は次のことであろう。すなわち、人間は、その優れた才能を持ってしても、新たな生物を生み出すことも、絶滅させてしまった生物を復活させることもできない、ということである。仮に誰かが、たとえばロンドン塔をとりこわそうとすれば、大きな反対運動が起きることだろうし、それはごく当然のことでもある。だが、一方で、我々が今目にしている姿にまで進化するのに数十万年もの年月を要した独特で驚くべき生物たちが絶滅しても、それに対して抗議の声を上げる人はごく少数なのだ。従って、我々が野生動物にも、人間の歴史的建造物に対して与えているのと同じくらいの考慮と尊敬を与える価値があるのだと認識できるようになるまでは、絶滅の瀬戸際でごく一部の人の優しさにすがって生きなくてはならない動物難民は絶えることがないだろう。

2.【解　答】b、c、h、m

3.【構文解説】難易度：比較的大がかりな構文が多いので、慎重に対処する必要がある

(1) 第1文後半

Point 1.　that は接続詞

many lovely and interesting animals have been so reduced in numbers that, without protection and help, they can never reestablish themselves.

動詞は **have been reduced** と **can never reestablish**、したがって接続詞は１つで **that** である。もちろん主節は **have been reduced** の方。

> many lovely and interesting animals <u>have been so reduced</u> in numbers
> 　　　　　 [that] , without protection and help, they <u>can never reestablish</u> themselves.

be　reduced は受け身なので後ろに要素は持たない。従って **that** 節は **M**。しかも **that** の後ろは完全な文（**reestablish** の要素を確認せよ）なので **that** は接続詞。よって前の **so** と反応して **so…that** 構文を作ると考えられる。そこで主節の意味の基本骨格は、「…なほど動物たちの数が減ってしまった」である。**that** 節では主語 **they** より前、つまり **without　protection　and　help** は当然副詞で中心の動詞 **can never reestablish** にかかる。このつながりを考慮すれば、「保護と援助がなければ種の安定を回復できない」と訳せることが分かる。ちなみに **reestablish themselves** は「自分を再び確立する」が原義になるが、主語が動物でしかも話が絶滅ネタであるため、「自分を確立」とは単純にいえば「数が増える」ことであり、**re-** がついているのだから「もう一度」つまり元いた数を回復することだと判断できる。「種の安定」という訳語を用いたのは、一定数以上の数がいないと生物が安定的に存在できない（絶滅しかかっている―いや、したのか？―トキの例を考えれば分かるはずだ）ということからである。

⑵　第２文

[Point 2.]　たいした文ではないが、切れ目の入れ間違えに注意

> Of course, in the last decade or so much has been done for the protection of wild life:

何となく **so much** があるように見える人は「慣れだけで読む」タイプの人である。考えてみれば、この部分ではまず等位接続詞 **or** にどう義理を立て、しかも **has been done** の主語を確保するかが問題である。

> 　　　前後に同じものが必要→
> Of course, in the last decade [or] so much <u>has been done</u> for the protection of wild life:
> 　　　　　　　　　　　　←主語がほしい

いわば so much 近辺には一種の綱引き状態が発生しているのだ。しかも so much を一続きにして or の後ろに置いてしまうと、それは the last decade と並んで in の目的語になるため、has been done の主語がなくなってしまい、反対に so much のまま has been done の主語にすると、or の後ろに前とつなぐものがない、という「あちらを立てればこちらが立たず」状態が出現してしまう。すると解決する方法はたった1つ。so と much を切り離してそれぞれバラバラに動かすことだ。つまり in the last decade or so と much has been done に分けるのだ。そうすれば、前半は「10年かそこら」となり、後半は「多くのことが行われてきた」となって両方に義理が立つ。

それにしてもこうして考えると、人間というものがいかに「印象に支配されている」だまされやすい生き物であるかが分かるだろう。本文では so と much の間に何も入っていないため、in the last decade or so much has been done をそのまま見ればいかにも so　much とつながっているように「見える」。だが、先ほどの私の記述「in the last decade or so と much has been done」という部分では、日本語のひらがなの「と」一文字のせいで、so と much がつながっているようには全く見えないのだ。このような現象に出会うと、我々が何かを見て「見つけた！」と思ったり「ここはこうなっている！」と思ったりするのは、単純に印象に支配されているだけのことが多いということがよく分かる。

こういうことを書くと、「分かってるよ。だからだまされないように訓練を積もうと思うんだ」などという反応をするおめでたい人がいるだろう。だが、そういう人には言っておきたい。「だからだまされるんだよ」と。

またまた話が脱線するが、人は自分の「弱点」に出会った場合、おおむね2つのどちらかの反応をする。1つは努力によってその「弱点を克服」しようとするタイプ、もう1つは弱点の存在を知って、それに自分がとらわれるのを避けるような対策を講じておくタイプの反応である。私が先ほど「おめでたい」と評したのは、前者のような考えを持つタイプの人である。そういう人には、そもそも「弱点」とはなにゆえに「弱点」であるのかを考えてもらいたいものだ。「弱点」の持つ一番のポイントは「それに出会っても気がつかない」ということなのである。たとえば「おっちょこちょい」の人は、自分が「おっちょこちょい」だとは思っていない。少なくともその人が「おっちょこちょい」なミスをしている現場では、自分が「おっちょこちょい」なことをしているという認識がないのだ。もしそういう認識ができれば、その場でそのミスを回避することができ、結果的にその人は「おっちょこちょい」ではなくなるのである。こう言うと、「私は自分がおっちょこちょいなのを知っています」というおっちょこちょいな人がいるが、実はたとえそういうことを口にしていても、実は本人は

そのことを知らないのである。たまたまその人がそういうことを口にできるのは、他人から「あんたはおっちょこちょいだ」と言われた経験があったり、過去におっちょこちょいな間違いをした記憶があるからにすぎず、そのことから、「きっと自分はおっちょこちょいなんだろうなぁ」と類推しているだけで、実は本当の意味で「自分がおっちょこちょいだ」という認識があるわけではないのである。

　このままではこのページが「おっちょこちょい」という言葉で埋め尽くされてしまいそうだ。本題に戻ろう。弱点とは、それに気づかないゆえに弱点である、というのが話の論点であった。そして、「気づく能力のないもの」を気づくように努力するという努力の仕方ほど空しいものはないのである。これはたとえば、コウモリの発する超音波を聞くことのできない人間が、努力によってそれを聞こえるようにしようとするのに似ている。そもそも能力の備わっていないことのために努力しても、失敗に終わるのは目に見えているのだ。よしんばそれに成功する人間が出るとしても、それはごく限られた少数の人間だけであり、その努力を行った人間の総数の労力全体から見れば、きわめて費用対効果の悪い非効率的なやり方といわねばならない。

　私がここでこのようなことにあえて紙数を割くのは、こういう非効率的なやり方を「努力」だと信じる傾向が、特に日本の教育界には強いような気がしてならないからだ。私の記憶によれば、たいてい日本の学校の教室には何らかのスローガンというかモットーのようなものが掲示されているが、そのスローガンは多くの場合「努力」である。実際に確かめたわけではないが、おそらくは日本の全教室の３割ぐらいには、黒板の上かどこかに「努力」と描いた額が飾ってあることには、うちの息子を賭けてもいい（さすがに、息子を賭けて５割の教室にある、とまで言う勇気はない。カミさんなら考えてもいいが）。だが、よくよく考えてみるとこの「努力」という言葉、中身のない空き箱のような無意味な言葉なのだ。「努力」とは、「何かをがんばってやる」という程度の意味だと理解できるが、「何」をがんばってやるのかが明示されないのでは、実際に何をしていいのか全く分からない。なぜか我が国には「がんばれば必ず道が開ける」という不思議な信念が蔓延しているが、間違った方向に全力で走り続ければ目標からはどんどん遠ざかりこそすれ、いくら「がんばって」も道は決して開けるはずがないことは自明である。

　また話が脱線した。もう一度本題に戻そう。弱点とは自分で気づかぬゆえに弱点であり、それを努力で克服しようとしても、気づかないことは直しようがないのである。では、弱点を回避する方法は全くないのだろうか。そんなことはない。先程も述べたように、我々は経験から、あるいは人に指摘されて、自分にある弱点を類推することならできる。そのような場合、我々がとりうる対策は、そういう弱点に自分が出会わないように、あらかじめ意識的な「正しい行動」を自分に課すことである。そもそも

この話のきっかけは「印象で読むと誤読する」ということであった。だが、どんなに気をつけても、「印象」そのものを消すことはできない。ではどういう対策をとるかというと、常に一定の、正しい方法論による英文の読み方を身につけて、絶えずそこをよりどころに読むように心がけるのである。私が常々「まず動詞を数えて主節を決定し、その主語と文型を決めていく」という全く同一の手順を諸君に示すのは、そのためなのである。印象に引っ張られやすい人ほど、そのことを徹底してやることによって、印象から来る誤読を避けることができるようになるのだ。

(3) 第2文（colon 以降の後半）

【 Point 3. 】　colon の後ろには何が書かれているか

　この部分は colon の後ろであるから、全体として前の説明になっている。さて、前の「何を」説明しているのだろう？　それは前の部分を見直してみれば明らかである。前の部分にある **much has been done** は「多くのことが行われてきた」だが、具体的に「多くのこと」とは何なのかが分かっていない。すでに別のところ（第3章の【重要語彙の意味】参照）で説明したとおり、colon は前にある「分からないところ」の説明を宣言する記号だから、ここの colon の後ろには **much** の内容が具体的に書かれているはずだ。

　構文的に問題になるのは後半だけだろう。

> the reintroduction of a species into areas where it had become extinct is taking place.

　動詞は **had become** と **is taking place**、接続詞・関係詞は1つで **where**、したがって主節は **is taking place** である。

> the reintroduction of a species into areas where it had become extinct is taking place.
> 　　　　　　　　　　S　　　　　　　　　　　　　　　　　　　　　　　　　　　　V

　こうしてみると主節の主語が **the reintroduction** であることは明らかである。もちろん where 節は **M** で、前の **areas** にかかる関係詞節である。ここで **reintroduction** を動詞化して訳してやるといつもの通り言葉の整理がしやすくなる。**re** は「再び」だからはずして **introduction** を考えると、**introduce** は「導き入れる」という意味である（「導入する」を訓読みにしただけ）。「導き入れる」という言葉を見れば

誰しも「何を」「どこに」導き入れるのかと考えるはずだ。

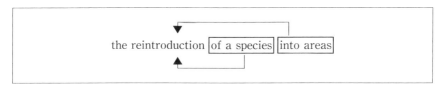

　そのように考えれば、上のように 2 つの **M** がともに **reintroduction** にかかると分かってくる。

(4) 第 3 文

Point 4.　逆接の意味から、不定詞の訳し方を工夫する

But although much is being done, there is still a very great deal to do

　動詞は **is being done** と **there is**、接続詞は **although**。主節は **there is** の方で、その前にある **although** 節は全体で副詞となり **there is**（主節の動詞）にかかる。つまり、**although** 節の中身と主節の中身は逆接でつながっているのだ。**although** 節の中身は「多くのことが行われている」であるから、逆接によってつながる主節の内容は「行われていないことが多い」というような内容になることが推測できる（逆接によって結ばれる両者の意味が「逆」である、という基本を利用しているにすぎない）。**there is a very great deal to do** では **there is** の主語が **a very great deal** で、それで文型が終わるから **to do** は **M**。**great deal**（「多くのこと」）の内容が不明なので **to do** は形容詞用法で **great deal** にかかる。ここで、不定詞は一般に「これからする」であることに注目。すでに何度か触れているが、「これからする」は「まだしていない」と同値である。**although** 節の内容とここが逆接であることを考慮すれば、この **to do** は「まだしていない」と訳すとうまくいくことが分かる。しかも「まだしていないことがたくさんある」は「まだ不十分だ」という言葉に置き換えても意味は同じである。よってそれを最終的な訳語に決定する。

(5) 第 4 文後半

Point 5.　対比構造によって語義を決定する

　結構複雑な構造なので慎重にいこう。

there are many obscure species of no economic importance which, although they are protected on paper, as it were, are in actual fact being allowed to die out because nobody, except a few interested zoologists, consider them important enough to spend money on

動詞は5つあるので接続詞関係詞は4つ。特に省略もなくすべて順調に見つかる。

there are many obscure species of no economic importance which, although they are protected on paper, as it were, are in actual fact being allowed to die out because nobody, except a few interested zoologists, consider them important enough to spend money on

　主節は先頭の **there are** と分かるが、**which**、 **although** と接続詞が連続しているのには注意が必要である。接続詞・関係詞は「カッコ開け」の指示なので、それが連続しているということは、**which** 節内部に **although** 節が入り込んでいることになる。さらに、**as it were** は「いわば」という副詞的熟語であり、意味を考えても特に必要なものではないから、あらかじめ取り除いておく。

```
    V              S
there are many obscure  species │  of no economic importance

        which, although they are protected on paper,
                   are in actual fact being allowed to die out

because nobody, except a few interested zoologists,
        consider them important enough to spend money on
```

　整理した結果を図示すると上のようになる。主節の主語は **many …species** であるから文型はその位置で終わっている。つまり **which** 節は **M** で形容詞節。上の図で特に注意してもらいたいのは、すでに述べたとおり **which** 節の内部に **although** 節が入る構造になっているため、**which** 節の動詞が **are…being allowed to die out** にな

ることである。しかも、**which** の後ろで足りないものは **are…being allowed** の主語であるから、**which** 自身が **are** の主語ということになる。つまり **which** が指しているのは複数名詞であり、したがって **which** 節がかかる相手は直前の **importance**（単数）ではなく **many…species**（複数）である。

　まずは主節から料理しよう。

　構造自体はなんということはない。「多くの **obscure** な生物がいる」が中心の訳になる（**obscure** の訳語については後述）。**of no economic importance** は of＋抽象名詞であり、形容詞として前の **species** にかかる。そして、この **of no economic importance** の意味が、**obscure** の意味を決定するのに役に立つ。『英文読解 100 の原則』にも書いたことだが、「1 つの名詞に前後から形容詞がかかる場合、その 2 つの形容詞は類似した意味になる」のだから、「経済的に重要でない」という意味と矛盾のない範囲で **obscure** の意味を決定する。**obscure** は辞書的には「曖昧な・見えにくい」という意味だが、「重要でない」という言葉とのかねあいから、「目立たない」という訳語を利用することにしよう。これで主節の訳が、「経済的に重要でない多くの目立たない生物がいる」であると決まった。

　では、いよいよ **which** 節内部にはいる。この節では **although** 節が中に入り込んでいること、**although** によって **which** 節中心部と **although** 節内部は「対比・逆接」になっていることを利用する。特に、「対比・逆接」の関係にある 2 つの部分は、通常同じ形の反復になる、というルールが有効である。

```
species…which, although they are protected on paper
                        are in actual fact being allowed to die out
```

　which が指しているものが **species** であるという事実を前提に全体を見渡してみよう。このとき、**which** 節と **although** 節を同時に見ながら、「同じ形」はないかと探してみるのがコツである。すると、**which** 節の主語である **which**、すなわち **species** と、**although** 節の主語である **they** が同じものであるという事実にまず気づく（どちらも複数であり、一方が代名詞なのだから、当然 **they**＝**species** と考える）。さらに、意味上の対応はともかく、**which** 節の動詞も、**although** 節の動詞も、ともに受け身だという共通点を持っている。ただし、意味内容上は **although** によって「対

比・逆接」が指示されているから、当然逆の内容になると推定できる。確認をとってみると **although** 節の動詞 **are protected** は「守られる」つまり「生きていける」だが、**which** 節の動詞 **are being allowed to die out** は「死ぬに任されている」であるから（**are…ing** は進行形。**be allowed to die out** は allow 〈**SVOC (to V)**〉の受け身であり、直訳すると「死ぬのを許される」）、確かに意味上反対になっている。こうして同じ形を考えてみると、**although** 節と **which** 節にある、それぞれまだ説明されていない部分、**on paper** と **in actual fact** は対応関係にあると分かる。すると **on paper** とはたとえば誰かが論文を書いているというようなたぐいの話ではなく、**actual fact**「実際の現実」の反対で「紙の上では（理屈の上では）」という意味にすぎないと分かる。**on paper** とはいわゆる「机上の空論」というやつである。そこで、この部分を訳すと、「紙の上では保護されていることになっていても、実際には死ぬがままになっている」になる。これを主節の **species** にかければ、「紙の上では保護されていることになっていても、実際には放置されて絶滅へと向かいつつある経済的に意味のない目立たない生物がたくさんいる」になる。

　最後に **because** 節。内部を訳し終わってから、この部分がどの動詞に対する理由になっているのかを考えて適切な部分につなげていく。副詞は文法的な手がかりが薄いから、このような処理が必要になるのだ。
　まずは内部を見てしまおう。

because nobody, except a few interested zoologists,
　　　　　consider them important enough to spend money on

　決して前から順番にではなく、動詞 **consider** から前後に散るように目を向けていく。すると、**except a few interested zoologists** は前置詞＋名詞で **M** になるので、**consider** の主語は **nobody**、後ろは **them** という名詞と **important** という形容詞があるためそれぞれを **O**、**C** とする〈**SVOC**〉文型であると分かる。

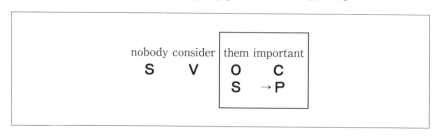

　動詞 consider が「考える」なので、この 〈**SVOC**〉 は直訳でき、「そういう生物が重要だと考える人がいない」になる。**except … zoologists** は「ごく少数の、その動物に関心のある動物学者を除いて」であるから、これを **nobody** に足して「ごく少数の、その動物に関心のある動物学者を除いて、そういう生物が重要だと考える人がいない」になる。

　まあこれでだいたいのところは分かったが、完璧を期す諸君のことだから、なぜ文の最後に **on** がぶら下がっているのか知りたいだろう。いや、それとも自分ですでに答えを出しているかな。

nobody consider	them important enough to spend money on
S **V**	**O** **C**
	S **→P**

　consider 以下の **OC** 内部をよく観察してみよう。**O** と **C** の間には **S → P** の関係があるが、この関係は、間に 〈**be**〉 動詞を補える関係であるともいえる場合が多い。そこで、**them** を主格の **they** と書き直した上で、間に 〈**be**〉 動詞を挟み込んだ形でこの部分だけを書き出してみよう。

they are important enough to spend money on

　これで、なぜ最後に **on** がぶら下がっているのか分かっただろうか。そう、この部分は「**S** 〈**be**〉 形容詞 **to** **V** → **O** なし」という形 (ex: This question is easy to answer) で書かれているのだ。この形の場合、不定詞内部の目的語はわざと書かず、しかも欠落した目的語は全体の主語と一致する（上の ex: では、answer の目的語が、主語である this question）。もちろん、この部分の不定詞は **enough to V** であるが、たとえそうであっても **S** 〈**be**〉 形容詞 **to V** の形（かたち）で **to V** の目的語が全体の主語と一致する時は目的語を欠落させる必要がある。このルールを適用すれば、文末の **on** の目的語は **they** （本文では them）すなわち **species** である。**spend A on B** は「AをBのために使う」だから、Aに **money**、Bに **them** (species) を入れると、「そういう生物に金を使う」でちょうど適切な意味になる。そこで、**because** 節全体の訳を作れば「ごく少数の、その動物に関心のある動物学者を除いて、そういう生物が金を注ぎ込むほど重要だと考える人がいないので、」となる。「そういう生物を重要

と考える人がいない」のだから「その生物は死に絶える」ので、この **because** 節は **which** 節の動詞 are…being allowed to die out にかければよいと分かる。それに従えば全体の訳文となる。

⑹ 第5文

【 Point 6. 】 節は必ず中心の動詞から読む

> As mankind <u>increase</u> year by year, and as he <u>spreads</u> farther over the globe burning and destroying, it <u>is</u> some small comfort to know that <u>there are</u> certain private individuals and some institutions who <u>consider</u> that the work of trying to save and provide a place of safety to these threatened animals <u>is</u> of some importance.

動詞は6つで接続詞は5つ。順調に見つかる。

> $\boxed{\text{As}}$ mankind <u>increase</u> year by year, and $\boxed{\text{as}}$ he <u>spreads</u> farther over the globe burning and destroying, it <u>is</u> some small comfort to know $\boxed{\text{that}}$ <u>there are</u> certain private individuals and some institutions $\boxed{\text{who}}$ <u>consider</u> $\boxed{\text{that}}$ the work of trying to save and provide a place of safety to these threatened animals <u>is</u> of some importance.

これで主節は **it is some small comfort** の部分だと分かった。また、**as** 節が2つ **and** で並列されていることも明白である。気をつけておいてほしいのは、最後の接続詞 **that** とそれに対応する動詞 **is** がずいぶん離れているということである。たとえどんなに離れていても、最後の that 節はこの is から読むことを忘れぬように。

> $\boxed{\text{As}}$ mankind <u>increase</u> year by year,
>   and
> $\boxed{\text{as}}$ he <u>spreads</u> farther over the globe burning and destroying,

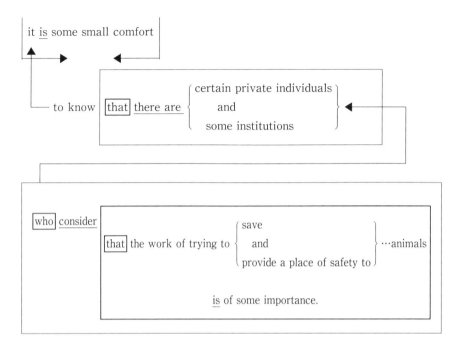

　上の図を見ても明らかなように、主節は **it is some small comfort** でしかも **it** は仮主語であり、**to know** 以下が本当の主語となる。したがって主節の意味は「…を知ることは少し安心することである」となる。主節の主語 **it** より前は全体で副詞であり、ここには 2 つの **as** 節があって規則通り主節の動詞 **is** にかかってくる。**as** 節は後ろが不完全ではないので「時・理由」、**year by year**「毎年」という言葉からして「時」では不自然なので「理由」を選ぶ。**to know** の後ろの **that** 節は **know** の目的語であり、そこは **there <be> S** 構文で「人や組織がある」。後ろの **who** 節は **M** だから形容詞節で **individuals, institutions** にかかる（「組織」は十分擬人化可能）。**who** 節の動詞 **consider** は **that** 節を目的語にとる。そこで主節以下の訳文は「…と考える人や組織があることを知るのは少しほっとすることである」になる。

　最後の **that** 節は先ほど触れたように **is** から考える。主語は節先頭の前置詞のない名詞 **the work**、後ろには **of some importance** という **C** がある（**of**＋抽象名詞についてはすでに触れた）。この部分に限って訳せば「仕事は重要だ」**the work** と **is** の間にある **of trying**…は **M** だが、**the work**「仕事」の内容が分からないので **of** を同格とし、仕事の中身としてかける。**trying to** の後に **save, provide** が並列されるが、**save** が他動詞なので、これも目的語を必要とする。当然共有を考えるが、単純に

provide の目的語 a place を save の目的語にもする、という発想をしてはいけない。save「救う」の目的語はこの話では当然「生物」であり「場所」ではないからだ。そこで、provide…to に続く these…animals が save の目的語にもなっていると考える。すると「動物を救い、動物に安全なすみかを与えようとする仕事はそれなりに意味がある」が最後の that 節の訳になる。これを who 節の consider の目的語の位置に流し込めば和訳は完了である。

(7) 第6文

Point 7. 代名詞の指すものに注意する

> It is important work for many reasons, but perhaps the best of them is this:
> man, for all his genius, cannot create a species, nor can he recreate one he had
> destroyed.

まずは colon までを整理しよう。前文の最後の that 節とこの文の最初の主節の構成がほぼ同じであることに気づいているだろうか。

> the work of trying…is of some importance（前文最後の that 節）
> It   is important work   for many reasons,
> but
> perhaps   the best of them is this:

こうしてみると、この文の最初の主語 It ＝ the work of trying…「動物を救い、動物に安全なすみかを与えようとする仕事」であると分かる。また、この文では but で前後に主節が並列されているが、逆接の前後には共通点があるという原則から、the best of them に現れる them は but 以前の複数名詞を受けていなくてはならない。したがってこの them ＝ many reasons。さらに、this の後に colon があるが、このように colon を後ろに持つ this は colon 以下の内容を受ける。したがって the best of them is this: は、

> the best of them（＝reasons）＝this＝colon 以下の内容

という図式に変換できる。つまり「動物を救い、動物に安全なすみかを与えようと

する仕事」が重要である理由＝**this**＝「colon 以下の内容」なのだ。

そこで、colon 以下を読めばその理由が分かるということになる。整理に入ろう。

> man, for all his genius, <u>cannot create</u> a species, nor <u>can</u> he <u>recreate</u> one he <u>had</u> <u>destroyed</u>.

動詞は 3 つで接続詞は 2 つ。そのうちの 1 つが **nor** で、これが前の **cannot create** と後ろの **can recreate** をつないでいることは形からも明白である（**nor** の後ろの **SV** は倒置される）。もう 1 つの接続詞は書かれていないので、省略を考えるが、**one** と **he had destroyed** の間に関係代名詞が省略されていることは、すでに諸君には明らかだろう（他動詞 **destroy** に目的語がないことに注意）。それを整理すると

> , for all his genius,
> man cannot create <u>a species</u>,
> nor can he recreate <u>one</u> (which) he had destroyed

こうしてみると **nor** 以下の代名詞 **one**（**recreate** の目的語）は **a species**（**create** の目的語）を受けていることも明らかなはずだ。さらに、中心部には人間が無力であることが記述されている（「生物を生み出すことも、復活させることもできない」）ことを考慮すれば、**for all his genius** は **for all** を 1 つの前置詞と考えるべきだと分かる。**for all**＝**in spite of** なので、これなら **his genius**「人間は優秀だ（**genius** をあらかじめ動詞化して訳してある）」という言葉が、きれいに逆接で中心部につながる。

(8) 第 7 文

Point 8. 逆接を上手に利用して前後の内容を対比する

この文の鍵は途中にある semi-colon である。これが等位接続詞の一種であることはすでに述べた。しかもこの文では、semi-colon の後に **yet** があるため、この semi-colon が逆接を表していることが明らかである。何度も言うことだが（それだけ大切なのに見逃されているということだ）、逆接を見たら共通点を探して対比する必要がある。

> There would be a dreadful outcry if anyone suggested destroying, say, the Tower of London, and quite rightly so `; yet` a unique and wonderful species of

animal which has taken hundreds of thousands of years to develop to the stage
we see today, can be wiped out without more than a handful of people raising
a finger or a voice in protest.

まずは semi-colon の前の部分だけを見てみよう。

There would be a dreadful outcry if anyone suggested destroying, say, the
Tower of London, and quite rightly so

別にこの部分はそれほど文的に複雑だというわけではない。最後の **and　quite
rightly so** は後で説明するために切り離すとして、ほかの部分を通常の方法で処理し
ていこう。

There would be a dreadful outcry if anyone suggested destroying, say, the
Tower of London.

　動詞は2つで接続詞は1つ。**if** がそれに当たる。主節は **There would be a dread-
ful outcry** になるが、もちろんここで気になるのは **would** という助動詞の過去形で
ある。これは仮定法の信号であり、**if** 節も当然それに対応する条件であることは、
suggested と動詞が過去形になっていることでも分かる。だが、仮定法であるという
ことを、ただ条件と結論の関係で意味をとるためのガイドに使うだけでは十分だとは
いえない。『英文読解100の原則』にも書いたとおり、単に条件→結論だけなら、仮
定法でないものもいくらもあるからだ。仮定法の一番のポイントは、条件も、結論も
「非現実」つまり、所詮は架空の話にすぎないということである。つまり文章中に仮
定法がある場合、そこに書かれた事柄は、現実のことではないという前提で理解する
必要がある。この文の条件節を読んでみると、確かに、およそ現実には考えられない
ことが書かれている。それを踏まえて読んでいかないと、とんでもない誤解に陥るこ
とがある。
　しばらく内容の読解を続けよう。主節は **There would be a dreadful outcry** で、
直訳すれば「**a dreadful outcry** があるだろう」となる。だが、**outcry** が何のことな
のかは判然としない。**out**「外へ」＋**cry**「叫ぶ」ことなのだろうとは分かっても、
たとえば「何を」叫ぶのかは全く不明である。そこで、仮定法であるというガイドに
従って条件節を見てみよう。**if anyone suggested destroying, say, the Tower of
London** では、典型的な **suggest** の語法が生きている。その語法とは、**suggest** は

「提案する」という意味で、目的語には「これからすること」が来るのに、なぜか to V を目的語にとらず、Ving にする、というものである。このように「通常の論理的理解からはずれた例外」はきちんと覚えておかなくてはならない（suggest が to V を目的語にとらない理由は説明できないわけではない。ただ、その説明は意味内容とは関係のないものなので、多少説得力に欠けるのだ。その説明とは、suggest to 「人」という表現を suggest は作るので、さらに to V を置くと to ばかりでぎくしゃくした文になる、というものである。おおむね、例外というのはこうした妙な理由を持っているものだ。たとえば同じく「これからすること」なのに Ving が来るものに consider Ving「V するつもりだ」がある。これは consider＝think of で、of の後ろには to V がおけないから、consider の後ろもそれに合わせた、というだけのことなのだ）。この語法に基づいて suggested destroying を見れば、suggest が「提案する」で、しかもその内容は「取り壊そう」であると分かる。つまりこの条件は「誰かが××を取り壊そうと提案したら」になる。しかも問題は destroy の目的語である。ここで, say, という表現の用法を知らないとめちゃめちゃなことをしかねないが、, say,（say を comma で挟んだもの）は副詞で「たとえば」という意味にすぎない。動詞ではないのだ（だから最初から動詞の数に数えていない）。副詞は M だからとばしてもいいわけで、これをとばせば destroy(ing) の目的語は the Tower of London だと分かる。つまり条件の内容は「（たとえば）ロンドン塔を取り壊そうと誰かが提案したら」である。もちろんこの文章を読む諸君が全員「ロンドン塔」を知っているはずはないが、名称からして、かなり有名な建造物らしいことは見当がつくだろう。たぶん日本における東京タワーのようなものかな、と考えてみよう。そうすると、もし誰かがそれを取り壊そうと言ったら、どのような outcry がありそうだろうか。当然「反対！」と叫ぶ声がわき起こるだろう。つまりこの outcry は「反対する声」に当たると分かる。しかも outcry には dreadful という形容詞がかかっている。dreadful は dread（恐れる）＋ful（いっぱい）、つまり「恐ろしい」であるが、「反対の声」にかかることを考えると、「（恐ろしいほどに）強い反対の声」になると分かる。そこで全体を訳してみると「もし誰かがたとえばロンドン塔を取り壊そうと提案したら、強い反対の声がわき起こるだろう」となる。だが、あくまでもこれは「仮定法」である。誰も実際には「ロンドン塔の取り壊し」など提案していると筆者は言っていない。さらに、「ロンドン塔」がどういうものかは、何の説明もないので知らない人には分からない。このことには注意を向けておいてもらいたい（問いの解答に使うのだ）。

　それとは別に、「ロンドン塔」にはもう1つの問題点があるのだ。それは、動物保護の話をしている最中に、なぜいきなり無関係な「ロンドン塔」が登場したのか、と

いうことだ（ここで勝手な空想を巡らせて、「ロンドン塔」は動物保護のサンクチュアリだったのではないか、などとつまらないことを考えてはいけない。誤解してもらっては困るが、ロンドン塔を「動物保護のサンクチュアリ」と考えることがいけないといっているのではない。筆者が何も言っていないのに、「何かを」考えること自体が誤りだと言っているのだ。たとえあなたが、ロンドン塔を「謀反人を閉じこめた牢獄」ではないかと考えたとしても、筆者が言ってもいないことを「考えた」こと自体が罪なのである）。しかも、「ロンドン塔」そのものは問題でないと筆者自身が言っている。そんなことどうして分かるかって？　それは **destroying** の後にある **,say,** という表現からである。構文上、**,say,** は副詞であるから無視してよいと言ったが、私は **,say,** に意味がないなどとは、一度も言っていない。では、なぜ **,say,** があると「ロンドン塔そのものは問題ではない」と考えられることになるのか。別に難しいことではない。先ほど説明したとおり、**,say,** は「たとえば」という意味である。つまり「ロンドン塔」はあくまでも1つのたとえにすぎないのだ。筆者にしてみれば、本当はロンドン塔でなくてもよかったのかもしれない。たまたまロンドン塔を思いついたからそれを使ったにすぎない、ということを **,say,** は我々に伝えている。では、「ロンドン塔」はいったい何をたとえたものなのか。もちろん、この部分だけでは手がかりはない。が、だからといってしょげかえる必要はない。すでに諸君も知っているとおり、この部分の後ろには semi-colon があってその後ろとは逆接でつながっている。逆接関係にある2つのものには何らかの共通点があり、かつ逆のものが出てくるのだから、semi-colon 以降に何らかの形で（「同じもの」として、あるいは「反対のもの」として）「ロンドン塔」に対応するものが出てくるはずである。それを探せば、いったい「ロンドン塔」が何を象徴しているのかを割り出すことができる。で、その答えは何か、だって？　説明聞いてなかったの？　semi-colon より後ろを見なきゃ分かんないって今説明したでしょ？　（予備校で授業をしていると、こういう手合いがかなりの確率で現れる。理解力のある読者なら、このような質問がどれほどとんちんかんなものか分かるだろう。だが、こういう手合いに限って、私が上に書いたような対応をすると「富田は冷たい」だの「思い上がっている」だのと勝手な評論を繰り広げる。「冷たいのはあんたのおつむだよ」と言ってやりたい気持ちをこちらはぐっとこらえているというのに。いやはや。）

　そこで、速やかに semi-colon 以下を点検し、「ロンドン塔は何を象徴しているか」という問いに決着をつけてしまいたいのだが、その前に、やっておかなくてはならないことがある。それは、先ほど「後で説明する」と言って切り離しておいた部分、つまり、**and quite rightly so** という表現を解説することである。

　もちろんこれは **and** を利用して前後を等しく並べる、という発想で解決すればい

いのだが、そのためには so という言葉の性質を把握しておく必要がある。so はよく「代名詞」だと言われるが、それは実は so に対して正当な扱いとはいえない。詳しくは【重要語彙の意味】に譲るが、so は片や「名詞」から果ては「文全体」まで、何でも受けることのできる自由度の高い単語なのだ。ただ、ここでの表現の場合、quite rightly という副詞が前についているため、so が受けられるのは「副詞」がかかっていいもの、つまり「名詞以外の何ものか」だということになる。

　ただ、「副詞がかかる相手」というと諸君はどうしても「動詞」「形容詞」「副詞」などという単語レベルでの判断をしがちだが、英語には「文修飾の副詞」というものがあることを忘れてはならない。一般に文修飾の副詞は文全体の内容を評価しているもので、it is 形容詞 that という形に書き換えることができる、といわれている。

　文修飾の例を挙げよう。

Unfortunately, he was ignorant of the fact.
＝It was unfortunate that he was ignorant of the fact.
　（彼がその事実を知らないのは不幸なことであった）
cf: He was unfortunately ignorant.（彼は不幸なほど無知であった）

　このような知識に基づけば、この部分にある so は前にある部分のうち、if 節内部の動詞 suggest ないしは destroy（ing）を受けているか、if 節全体の内容を受けているか、あるいは There would be a dreadful outcry 全体を受けているかのどれかであるという判断がつく。

　では、そのそれぞれを１つずつ so のところに置き換えてみて、どれがよいかを考えていくのかというと、rightly という言葉の意味に着目すればそこまでやらずとも解答は見いだせる。rightly は「形容詞の」right を副詞にしたものであり、意味の骨格は「正当」である。つまり、and の前にあるもののうち、この筆者が「正当」と感じているはずのものを見つければ、それが so の内容だといえるわけだ。すると if 節内部に書かれていること、ないしは if 節全体は、「それを行えば大きな反対が起きる」と筆者自身が語っていることなのだから、それが「正当」なことだとはとうてい考えられない。唯一「その提案に反対する」こと自身が「正当」なことだといいうるのだ。こうして、so は and の前にある文全体、すなわち There would be a dreadful outcry 全体を受けているといえる。

　そこで、これを so の代わりにして and の後ろに置いてみると、以下のように quite rightly は文修飾の働きをしていると分かる。

> quite rightly there would be a dreadful outcry…
> ＝It is quite right that there would be a dreadful outcry…

　これで、**and quite rightly so** によって筆者が「ロンドン塔取り壊しに反対するのは当然のことだ」と評価していることが分かった。

　これでようやく後半にいける。その前にもう一度我々の問題を確認しておこう。semi-colon 前までの読解で我々は「もし誰かがロンドン塔を取り壊そうといったら（架空の話）、大きな反対が起こるだろう」という内容を把握しているが、なぜいきなり「ロンドン塔」が引き合いに出されたのか、「ロンドン塔」は何を代表する例なのかが今のところつかめていない、という状況にいたのである。それを踏まえつつ、semi-colon 以下に進もう。

> yet a unique and wonderful species of animal which <u>has taken</u> hundreds of thousands of years to develop to the stage we <u>see</u> today, <u>can be wiped out</u> without more than a handful of people raising a finger or a voice in protest.

　動詞は３つで接続詞・関係詞は２つ。一見すると **which** 以外に接続詞・関係詞は見つからないように見えるが、**see** の目的語がいない（**today** は副詞である）ことを考慮すれば、**the stage** と **we** の間に関係代名詞が抜けていることはすぐに分かる。

> yet a unique and wonderful species of animal which has taken hundreds of thousands of years to develop to the stage which we <u>see</u> today, <u>can be wiped out</u> without more than a handful of people raising a finger or a voice in protest.

　これで主節の動詞が **can be wiped out** であると分かった。さらに、先頭の **which** 節より前に a…**species of animal** という名詞がある（しかも前置詞はついていない）から、これが主節の主語であることは明白である（ちっとも「明白」でないという人は、『英文読解100の原則』を読み直すことをおすすめする）。どの節の内部にも入らない名詞は、主節の動詞で説明する以外ないからである。するとこの文は以下のように整理できると分かる。

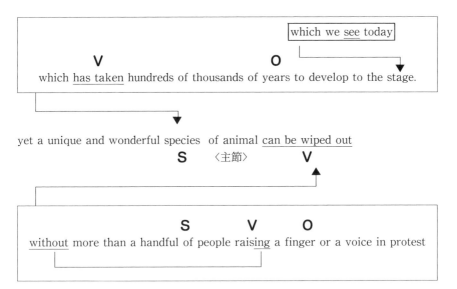

あらかじめお断りして置くが、何度も図を載せるのもうっとうしいのでまだ説明していないこともすでに示してある。今までの説明の範囲では主節が **a…species　can be wiped out** であり、主語の後ろにある **which** 節は **M** で **species** にかかることだけが分かっている。**wipe out** は「かき消す」だから（車の **wiper** から分かるはず）、主節の意味は「ある生物が絶滅することがありうる」である。ある生物がかき消えるのはよいことのはずはないから、**can** を「できる」と訳すはずはない。この **can** は「可能性の **can**」である。

では、**which** 節の内容に入ろう。動詞が **take** だから、その意味を把握することが肝要だが、目的語が **years** である（途中にある数字のたぐいをとばしていく）ことから、この **take** は「**take** ＋時間・労力」＝「時間・労力がかかる・必要だ」であると分かる。なお、この **take** は一般に「仕事」を主語にするが、次のようなバリエーションもあることは知っておかねばならない。

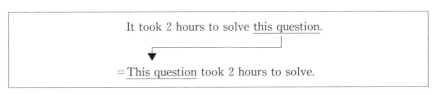

上の文では主語には仮主語の **it** が使われ、不定詞が本当の主語になっているが、下の文では不定詞内部の **solve** の目的語が全体の主語の位置に置かれ、**solve** の目的

語が欠落した形になっている。この考え方は、ちょうど以下の文と同じ発想である。

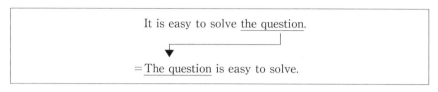

この文の問題の部分をもう一度見てみよう。

> a species which has taken…years to develop…

見ての通り、**take** の主語 **which** は **a species** を受けているにすぎず、とても「仕事」が主語とはいえない。そこで、**develop** を他動詞だが目的語が欠落していると考えてみよう。その目的語は **which**、すなわち **a species** である。するとこの **which** 以下は

> It has taken…years to develop a species

と置き換えられると分かる。しかも **develop a species** は「ある生物を（進化によって）作り出す」であって意味も合理的である。そこで「進化させるのに数十万年もかかった」と訳して **species** にかけてやればよい。あとは、**to the stage** が「（進化の）段階まで」であり、しかもそれに（**which**）**we see today** がかかっていることを考慮して「我々が今見ている段階まで進化するのに数十万年もかかった生物が絶滅することがある」が **which** 節を含む主節全体の訳になる。

without 以下の構造は図に示したとおりだが、**without** が **raising** につながっていることに気づくことから解釈が始まる。こういう、「離れたもの同士の関係」を指摘すると必ず学生から「何でそんなことに気づくんですか」という質問が来るが、私はそのような学生に「何で気づかないの？」と反論することにしている。英語では、かなり離れたもの同士が互いに関係していることがかなりある。だがそれに気づくには、あらかじめ離れたもの同士に関係があるかもしれないと考えて、広く全体を見渡すように心がけるほかはない。それは、あまりにも当たり前の帰結である。しかも私が不思議でしょうがないのは、こういう「離れたものの間にある関係」に気づかないでこれまでに何度もひどい目にあった経験がありながら、相変わらず隣接する言葉同士の関係しか考えようとしない学生たちの鈍感さである。前にもどこかに書いたことだが、

弱点は自分で気づかない故に弱点なのであり、それを防ぐにはあらかじめ自分にその弱点があることを知ってそれを回避するための行動を常に意識して動くしかない。つまり、「自分は離れたもの同士の関係を見落としやすい」と思うならば、常に「離れたもの同士の間に関係はないか」と広く全体を見渡すように心がける癖をつければいいのだ。それなのに学生たちの多くは何度失敗してもその点を改めようとしない。それほどに英語の「前から順に見る」信仰は強いのだろうか。こういうことを書くと、「富田は返り読みを推奨している」などと、まるで人を異端の徒であるかのようにいうのが出てくるが、誰が「返り読み」をしろ、などといったというのだろう。私は一度たりと、英文を前からも、後ろからも、順に読めなどといった覚えはない。私が常にいっているのは「V（の性質をもつもの）を中心に見て全体を見渡せ」である。Vを中心に広い範囲を見渡して全体の骨格をつかまえてから細部に入る。これは英語に限らず、ものをとらえるときのもっとも正当かつ当たり前の姿勢にすぎない。前からか、後ろからか、などという、およそ合理性のない議論にうつつを抜かしているようでは、一切展望は開けないだろうと予言しておく。

　without 以下は **raising** を中心に文型が展開している。**raise** は他動詞だから目的語が必要でそれは **a finger or a voice**。前にある …**people** は **raise** の意味上の主語である。しかも **without** は「否定」だから、この **out** を切り離して **not** におきかえ、**not more than a handful number of people** とすれば、**handful number** が「手一杯の数」、つまり最大 10 であることは理解できるはずなので、10 を超えない数の人、つまりごく少数の人という意味になる。しかも否定的センスを含むのは **without** から自明だから、**not**（**without** から導いた否定）**more than a handful number of** は一語で **few**（否定的センスを含む）に置き換え可能だと分かる。

---

few people raising a finger or a voice in protest

　これなら、「抗議の声を上げる人はほとんどいない」と訳せると分かる。そこで、通常ならこれを主節の動詞 **can be wiped out** にかけてしまうところなのだが、ここでまた諸君には立ち止まってもらいたい。我々は、逆接の意味を持つ semi-colon によって対比された 2 つの部分を同時に検討中なのであった。逆接でつながる 2 つの部分には、必ず共通のものが出てくることを覚えているだろうか。そういう意識を絶えず持っていれば、この **without** 以下の部分「抗議の声を上げる人はほとんどいない」は、semi-colon より前の部分の主節 **There would be a dreadful outcry**「大きな反対の声が上がるだろう」と「抗議の声」ということについて語っている点が共通である。すると、semi-colon 以前の中心部が「抗議の声が上がる」であるのだから、む

しろ後半もこの **without** 以下が話の中心であると考えるのが、もっとも合理的な発想である。そして、この部分の **a species…can be wiped out** に示された内容は、semi-colon 以前の「もし誰かがロンドン塔を取り壊そうといったとすると」に対応する内容を含んでいると考えてやる。つまり、「ロンドン塔を壊そうとすると」抗議の声が上がるが、「生物が絶滅しても」抗議の声は上がらない、というのがこの文の骨格をなす対比の構造なのだ。すると、「ロンドン塔」は「生物」と対比すべきものだと分かる。「生物」について筆者はすでに「人間には作れないもの」と定義している（第6文）ので、「ロンドン塔」は「人間が作ったもの」を代表していると分かる。つまり、人間は自分が作ったものは大切にするが、自分の作り得ない生物をないがしろにしている、とここには書かれているわけだ。

(9) 第8文

Point 9. 文法的ポイントの宝庫。正確な手順で読もう

> So, until we <u>consider</u> animal life to be worthy of the consideration and reverence we <u>bestow</u> upon historic monuments, <u>there will always be</u> the animal refugee living an insecure life on the edge of extinction, dependent for existence on the charity of a few human beings.

　見ての通り動詞は3つだ（**bestow** は動詞である。知っているかどうかは問題ではない。**we** は主格だから、後ろに **we** を主語とする動詞がないわけにはいかないのだ）から接続詞・関係詞は2つ。**until** はすぐに見つかるのだが、もう1つあるはずである。

> So, |until| we <u>consider</u> animal life to be worthy of the consideration and reverence we <u>bestow</u> upon historic monuments, <u>there will always be</u> the animal refugee living an insecure life on the edge of extinction, dependent for existence on the charity of a few human beings.

　そこで接続詞・関係詞の省略を考える。省略できる接続詞・関係詞は「①関係代名詞の省略②関係副詞の省略③接続詞 that の省略」の3つが考えられる。実際の読解の場面では、省略で真っ先に考えるべきなのは関係代名詞の省略である。接続詞 **that** の省略は頻度がかなり高いが、たいていの場合動詞の直後にさらに **SV** が出て

来るという場面で起こるので、省略されていることには一目で気づいてしまい、わざわざ省略を考えるまでには至らない（もちろん、そうでないのもあるが）。また、関係副詞の省略は関係代名詞の省略とよく似ているが、後ろの **SV** が完全な文になっているのが特徴である。しかも、2つ並んでいる名詞のうち、前の方が「時（**time**）」「場所（**place**）」「理由（**reason**）」のどれかでなくてはならないので、関係代名詞の省略を探しているうちに見つかることが多い。そこで、はじめに言ったように「接続詞・関係詞の省略」を考えるときはまず「関係代名詞の省略」から考えはじめ、それがどうしてもうまくいかない場合にほかの可能性を考えるようにするとよい。

　関係代名詞省略の条件をもう一度確認しておこう。①名詞が2つ並ぶ②2つ目の名詞が動詞の主語③ **V** の後ろで名詞が1つ足りない（不完全な文）。すると、この文には、次のような箇所があることに気づく。

…of the consideration and reverence we <u>bestow</u> upon historic monuments, …

　ここには **reverence we** と名詞が連続するところがある。しかも2つ目の名詞 **we** は動詞の主語になっている。これで **bestow** に **O** がないという条件が満たされれば、**we** の前に関係代名詞が抜けている、という結論に達する。ところが、諸君の中には、「だって **bestow** なんて知らないから、果たして **O** が欠けているかどうか分からないよ」という向きがあるかもしれない。おそらくそういう諸君は「知らない」ということに対する負い目が強すぎて、「知らないからできない」という短絡な思考しか働かないのであろう。だが、考えようによっては、「知らない」ということほど強いことはないともいえる。**bestow** を知らないのならば、とりあえず **bestow** を他動詞だと考えてみればいいだけのことだ。それでどうしても矛盾点が解決できなければ、「**bestow**＝他動詞」という仮定が誤っていたと考えればよい。前にもどこかに書いたことだが、「知らないからできない」とばかり考えていたのでは、人類は全く進歩できなかったはずなのである。「知らないけどやってみよう」と考えた人がいるからこそ、進歩はあったのだ。もちろん、失敗も数知れないほどあっただろうが、それは、人類を破滅に導くほど手ひどい失敗でなかったことは、我々がまだ絶滅していないという事実が何よりも雄弁に証明している（もちろん、先のことは分からないが）。

　そこで、とりあえず **bestow** を他動詞と考えて、その目的語が欠けていると仮定しよう。すると **we** の前に関係代名詞が省略されていることになるが、それでうまくいくだろうか。

> …of the consideration and reverence (which) we <u>bestow</u> ☐ upon historic monuments,
> O ない

　もしこの状況が正しいとすると、**bestow** には **bestow A on B** という形があることになる（**upon** は **on** と同じである）。**V＋A on B** はすでに【重要語彙の意味】でやったとおり「AをBに与える」である。そこで、もしこの意味がここに当てはまるとすれば、**bestow** を他動詞だと考えた最初の前提は正しいことになる（当てはまらなければ反対にこの考えが誤りであったと分かる）。そこで、**B＝historic monuments**、**A＝[O ない]＝which＝reverence** と考えて、「**reverence** を **historic monuments** に与える」という表現が成り立つかどうかを考えればよい。え？　なんだって？　**reverence** なんて知らない？　それはご愁傷様。だが、その場合直前の **and** が利用できる。

> …of the { consideration and reverence } (which) we bestow upon historic monuments

　等位接続詞がちょうど同じもの同士をつなぐようにするには、**consideration** の前の **the** は **consideration**、**reverence** 両者につながるようにしてやる必要がある。当然この **the** は「予告の the」だから、（**which**）以下は **consideration** にもかかることになる。そこで、**reverence** を知らない向きは **A＝consideration** として、「**consideration** を **historic monuments** に与える」が正しい意味を伝えるかどうか考えればいい。ついでにいっておけば、**and** は「順接」なので **consideration** と **reverence** は当然似たような意味になる。全訳を求められているのでない場合には、思い切って **reverence** を捨ててしまえばよい。

　ところで「**consideration** を **historic monuments** に与える」は「歴史的建造物に考慮を与える」であり、直前の文にいわれた「ロンドン塔取り壊しに多くの人が抗議する（だろう）」に当たるので、ちょうど意味が通じることになる。そこで、**bestow** を他動詞とし、関係代名詞省略を考えたのは正しい判断だったのだと分かる。

　では改めて、文全体を眺めてみよう。

> So, |until| we <u>consider</u> animal life to be worthy of the consideration and reverence |(which)| we <u>bestow</u> upon historic monuments, <u>there will always be</u>

the animal refugee living an insecure life on the edge of extinction, dependent for existence on the charity of a few human beings.

これで主節は **there will always be…** であると分かる。すると、文頭は全体で副詞で、しかもそれは主節の動詞にかかるから、

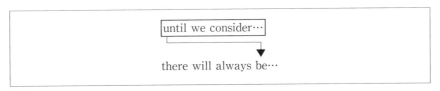

というのが、この文の全体像だと分かる。つまり「…を我々が考えるまでは…が常にあるだろう」が、訳文の骨格となる。

全体の構造が見えたらここの部分の解決を図ろう。まずは **until** 節から。

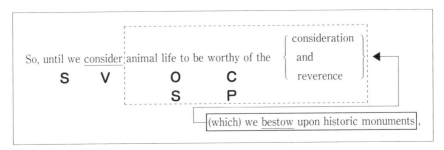

consider は「思考（発言）の動詞」だから、**SVOC** 文型の可能性は当然想定して読んでいるはずだし、その中で **to be** がでてくれば、まず間違いない。その意味で、この部分が〈**SVOC**〉であることは比較的簡単に分かったはず。それを訳せば「我々が野生動物は価値があると考えるようになるまでは」になる。ついで、〈**be**〉**worthy of…** は「…の価値がある」だからそれに従って **of** 以下を加えると、「考慮の価値がある」、先ほど訳しておいた関係詞節をかけると「歴史的建造物に与える考慮の価値がある」になる。もちろんこれでは日本語としておかしいが、**worthy of** の目的語の **consideration** に **(which) we bestow** 以下がかかってくるということは、両者の **consideration** が「同じもの」であることを意味するから、これを利用して、「歴史的建造物に与えるのと同じ考慮を与える価値がある」としてみよう。これを先ほどの中心部につなげると、「我々が、野生動物は、歴史的建造物と同じくらいの考慮に値すると考えるようになるまでは」となる。

次に主節。

> there will always be the animal refugee living an insecure life on the edge of
> extinction, dependent for existence on the charity of a few human beings.

　通常の **there ⟨be⟩** 構文で見れば、**S** ＝ **the animal refugee** で文型は終了しており、**living** 以下は **M** と考えられる。このことは、特に **refugee** という語の意味を知らない諸君には福音となろう。語尾が **ee** だから「人」という意味の名詞であろうという見当はついても、その意味が分からない場合、後ろの **M** がそこへかかることによって分かるようになるからだ。もちろん「人」とは言っても **animal refugee** だから「動物」なのだが、この種の擬人化はそんなに難しいことではないはずだ。そして **the animal refugee** に **living an insecure life on the edge of extinction** をかければ **refugee** を何と訳すかは分からなくても、**refugee** という言葉にどのような意味が込められているかは分かる。まず **living an insecure life** だが、これは専門用語で言うと **live** が「同族目的語をとる他動詞」になっている。「同族目的語」というとやたら難しく感じるが、一部の自動詞（**live**、**sleep**、**die**、**dream** など）は例外的に「自分の名詞形」を目的語にする、というだけのことである。訳すときには **live** と **life** を二度訳すこともないので「不安定な暮らしをしている」とすればよい。これで、**the animal refugee** が「不安定な生活をしている動物」であると分かる。しかも **on the edge of extinction** がそれに付け加わると、もっと危機感が増してくる。**edge** は「（崖のような形をしたものの）端」のことであり、**on** は接触を示すのだから、**on the edge of extinction** は「絶滅というがけの縁に接して」、すなわち「絶滅の瀬戸際で」というような意味になる。つまり、**the animal refugee** は「絶滅の危機に瀕した動物」のことだと分かる。

　ついで **dependent** 以下の処理を考えよう。形容詞を考える場合にはそれが **C** であれ、**M** で名詞にかかっているのであれ、意味上の主語が問題になる。何でも目の前の名詞にかけるだけというような芸のない対応をしているのでは、およそ飛躍はおぼつかないのだ。

　まず **dependent on A for B**「A に B を頼る・求める」というよく知られた形がここに使われていることに気づかねばならない。こういうときにも、正しい知識と全体を見渡す観察眼が必要である。

> dependent for existence on the charity of a few human beings.

　dependent の後ろ全体をよく見渡すと、**for** と **on** という前置詞がちゃんと存在し

ている。**dependent on A for B** を知らなければそのことは何の意味もないが、たとえ熟語として知っていても、ここでそのことに気づかなければこれまたその知識には何の意味もないことになる。何度も言うことだが、一部ずつちまちま見るばかりでなく、全体を見渡すことを常に肝に銘じること。なお、**on** と **for** の順番が違う、などという稚拙なことはもう言わないでもらいたい。英語では、「長い方を後ろに置く」という性質があり、所詮 **on A** も **for B** も形式上は前置詞＋名詞の **M** なのだから、どちらが必ず先に来る、といったたぐいのものではない。この文では **on the charity of a few human beings** という表現の方が長いので単に後ろに回ったというにすぎない。

で、**dependent on A for B** の形に、各単語の意味を投げ込んでやると「ごく少数の人の優しさ（**charity**）に頼って生きる（**existence**）」となる。ここで最初の問題設定を思い出してもらおう。形容詞の扱いを考えるには、常に「意味上の主語」が問題であった。この述語の意味「少数の人に頼って生きる」からして、意味上の主語は **the animal refugee**「絶滅の危機に瀕している動物」である。そこで **dependent** 以下を **the animal refugee** にかけておくのもよし、あるいは「意味上の主語＝全体の主語」であるという事実にこだわってここに **being** を補い、分詞構文とするもよしである。このあたりは我々日本人にとっては、どちらにとるかにたいした意味のないところなので（その理由は後述）、そんなことに無駄な時間を費やすより、さっさと意味をとって終わらせた方がよい。とりあえずすべて **the animal refugee** にかけることにすれば、この文の意味は「絶滅の瀬戸際にあって不安定な生活をし、ごく少数の人間の慈悲にすがって生きる動物たちが常にいることになるだろう」となる。これで **until** 節と主節のそれぞれの内部の意味がとれたので、それをはじめにつくっておいた枠組み「…までは…」に流し込んでやれば全体の訳が完成する。「我々が、野生動物は、歴史的建造物と同じくらいの考慮に値すると考えるようになるまでは、絶滅の瀬戸際にあって不安定な生活をし、ごく少数の人間の慈悲にすがって生きる動物たちが常にいることになるだろう」

Point 10.　形容詞の限定的性質

さて、これで意味はとれたわけだから、終わりにしてもよいのだが、ここでちょっと発展的なことを考えてみよう。

主節を訳すに際して、**there will…be the animal refugee living…** を **the animal refugee** が **S** で文型が終わり、**living** 以下はかけるのだ、と言ったが、純粋に文法的に見るとこれは一意にそう言い切っていいことではない。**there** 〈**be**〉**S Ving/Vp.p** は **S** 〈**be**〉**Ving/Vp.p** と同じであるとも考えられるのだ。その場合 **living**…

は述語の一部であって、**M** ではないのだから、本来はその判断が必要だといえる。この判断には、「形容詞が名詞にかかるとどうなるのか」に対する根本的な理解が必要である。「形容詞」にはそもそも、それをかけることによって名詞の範囲を限定する、という機能がある。たとえば「めがねをかけている人」という表現の「めがねをかけている」という形容詞は、その場にいる人間全体の中から「めがねをかけている」という性質を持つ人間だけを選び出す、という働きがある。これは同時に「めがねをかけていない」人間を排除することでもある。つまり形容詞をかける、ということは、それによって該当しないものを排除することであり、それができないのならば形容詞はかけても意味がないことになる。たとえば全員が「めがねをかけている」人の集団があったとして、その場合「めがねをかけている」という形容詞は意味を失うことになる。

　実際、我々はかけても排除するものを生み出さない形容詞を、滅多に名詞にかけることはない。「めがねをかけている人」という言葉はよく聞くし、諸君自身も使った記憶があるだろうが、たとえば「目が２つある人」という言い回しは、通常まず使われることはない。人間はすべからく（見える見えないは別にして）目を２つ持っているものであり、「目が２つある」と言っても何も排除できないからである。つまり、一般的にいって限定的な形容詞が名詞にかかるのは、その反対の意味の形容詞が同じように名詞にかかる場合に限るのだ（「めがねをかけている人」に意味があるのは、「めがねをかけていない」人がいるからである）。

　公平を期するために言っておくと、形容詞には、そのような限定する性質を持たない、補足説明の働きをするものもある。たとえば私には「小学生の息子」が１人いるが、こう言ったからといって私には「小学生でない」息子がほかにいるわけではない。しかも日本人は面白いことにこの２つの形容詞（一部を限定するものと、単に補足説明になるもの）の区別を特に意識せずにやっている。だから改まって「どうやって区別しているのか」と問われると多くの場合答えに窮するのだが、そのメカニズムは実は単純である。我々日本人は、固有名詞など、特定のものであるとすでに分かっているものにつく形容詞（「日本一高い」富士山、など）や、一時的な性質にすぎないと分かっている形容詞には限定的性質がない、と考えているのだ。たとえば「私には小学生の息子がいる」という場合、その息子が今「小学生」なのはごく一時的なことであって、いつまでもそのままのはずはない（小学生のまま３０年以上も変わらないのは「カツオ君」くらいのものだ）、と知っているのだ。

　もちろんこういう区分けの仕方は実はあいまいなものであって、ものによってはどちらにもとれる場合がある。日本語には、こうしたあいまいさを許容する部分があるようだ。だが、英語はそうではない。英語では形容詞の働きが違う場合、それを明確

に示す、という働きがある。まずは1語で前からかかる形容詞、これは「限定的」性質を持つ。反対に1語で後ろに置かれる形容詞は一時的性質を持つと考えられる。したがって、このような形容詞は可能な限り **C**（補語）に分類され、**M** として名詞にかかるとは定義されない。どうしても **C** になれない場合のみ、前の名詞にかかるとされるが、その場合でも「一時的性質をあらわす」とされる。次に、2語以上の句で構成される長い形容詞を **M** としてかける場合、限定的性質を持つもののまえにはcomma を打たないのに対し、限定的性質を持たず、補足説明にしかなっていないものには comma を打つのである。

　話が拡散したので、ここで必要な部分だけを整理しよう。ここで使うのは、「限定的形容詞は、それによって排除されるものがでる場合のみ使う」と、「2語以上の名詞が後ろから comma なしで名詞にかかる場合、それは限定用法と規定される」という2点である。ここで本文を改めて見てみると

---

there will always be the animal refugee living an insecure life …

だが、もしこの文が **the animal refugee** で文型が終わり、**living an insecure life** が **the animal refugee** にかかっているとすると、comma がないという事実から **living an insecure life** は「限定的な形容詞」でなくてはならない。**living an insecure life** は「不安定な生活をする」だが、**refugee** とは「難民」であることを考慮すれば、これに **living an insecure life** をかけるのはおかしいことになる。「難民」とはすべからく不安定な生活を強いられた人々（動物たち）のことであり、「安定した生活をする難民」などというナンセンスなものは存在するはずがないからである。同じことは「絶滅の瀬戸際にある」にも「人の慈悲にすがって生きる」にもいえることである。およそすべての難民は「死の危機にある」ものであり、「誰かの慈悲にすがって生き」てもいるからだ。つまり、最初から **refugee** が「難民」であると分かっている人にとっては、こうした語句を **refugee** にかける必然性が全く見えないのである。そういう場合、その人は何もこれらの語句を無理して形容詞にとる必要はない。**living…** は動詞の一部をなしている（be living…）と考え、**on the edge of extinction** は **live** という動詞にかかる副詞と考え、**dependent** 以下は **being** を補って分詞構文、つまり副詞と考えればよい。

　もう一度言うが、このように考えるのが「正しい」この文の解釈である。だが、この「正しい」はあくまで抽象的、理念的なものであって、実用性が欠けている。それは、この解釈を「正しい」とするためには、**refugee** ＝「難民」という知識、さらには「難民」とはいかなるものなのかという知識が必要となるからである。だが、現実

には、そのような知識を持たない者も存在するのだ。こういうことを言うと、「その
くらい常識だ」とか「ものを知らないのは罪だ」という教条的な議論をまくし立てる
のがいるが、冷静に考えてみてもらいたい。この世には、「すべてのことを知ってい
る」人など存在しないのだ。誰しも、必ず知らないことがある。たとえば、諸君があ
る単語を見て、それが「名詞」だ、ということしか分からないとしよう。するとその
単語は諸君にとって「もの」でしかない（「もの」がひらがなであることに注意して
ほしい。この表記では、それが「物体」なのか「人間」なのか「概念」なのかさえ特
定できない。それが大切なのだ。この段階では諸君にはその名詞が「物体」「人間」
「概念」のいずれなのかさえ判断できていないはずだ）。このような状態の場合、その
名詞につながるすべての形容詞は「限定的」な働きをしていると考えることができる。
何しろ、名詞が「何でもあり」の状態なのだから、そこから少しでも範囲を狭めるこ
とによってその名詞の意味を特定できるという点で、形容詞はありがたい存在である。
つまり、著者の意図はどうあれ、すべての形容詞は、それが必要なものにとっては限
定的になりうるのである。それが著者の意図と異なっていても、少なくとも言葉の意
味を割り出すのに利用できるという点において、形容詞を限定的に考えるのは正しい
ことなのだ。

　誤解してもらっては困るが、私は何もすべての形容詞を限定的にかけるべきだとい
っているわけではない。名詞が未知のものである場合に、形容詞を利用して限定すれ
ば意味が出せると言っているだけなのだ。そういう意味において、形容詞を限定的で
あるのか、そうでないのかを「常に」一意に決めなくてはならないという姿勢に私は
反対する（もちろん、文型上 **C** になる場合は、「常」にそれを意識しなくてはならな
い。私がここで言っているのは、あくまでも **M** である形容詞のことだ）。むしろ私
が重視するのは「形容詞の意味上の主語」である。主語が何であるかをはずさなけれ
ば、たいていの形容詞はうまく処理できるが、それを間違えるととんでもない誤解を
生み出すからである。

　私がこのようなことをしつこく書くのは、本書の主な読者であろう受験生諸君に妙
な隘路に入り込んでもらいたくないからである。私のこれまでの経験でも、それまで
全く文法など考えたことのない学生ほど、ひとたび文法の有効性に目を開かれるとそ
れを積極的に利用しようとする。そのこと自体はとてもいいことだ。だが、このよう
なやり方によって、文法というものを一種の教条主義ととらえる柔軟性のない諸君が
一部に生じてしまうこともまた事実なのである。残念ながらそういう諸君は文法的整
合性ばかりを重視するあまり、「文法を利用して文を分かる」という最終目標を見失
ってしまう傾向がある。確かに英語の文型はきわめて精巧にできており、これまでも
何度も書いてきたとおりそれを知ることによって文意の骨格を取り違えずに読むこと

ができるようになる。その点は、大いに利用すべきである。だが、英語でも、日本語ほどではないにせよ、**M** の扱いには多少ルーズな点がある。本書で何度か語ってきたように、もし **M** というものをもれなく評価するとしたら「**M**＝説明」という定義しかできないし、どこにかかるかは「説明が必要なところ」という基準しかありえないのだ。そして **M** にこのようなルーズな理解が許されるからこそ、様々な知識レベルの人間がそれに応じて文を読んでいくことができるのである。もちろん英語の **M** には、日本語に比べて明確な区別がある（comma の有無などもその例だ）。それをうまく利用すれば、より分かりやすく文が読めることは間違いない。だが、**M** の判断を抽象的、観念論的に一意に定めようとする試みは、却ってスムーズな言葉の理解の妨げとなったり、合理的な利用法を文法的な整合のゆえに自分に禁止したりするという、非効率的な結果をもたらしかねない。その意味において諸君には、単なる文法の整理魔になるのではなく、必要なことを必要なときに必要に応じて使える柔軟な知性と思考力を身につけた「大人」になってもらいたいと願うものである。

　そういう考慮の上に立って、私はこの there will … be the animal refugee living… の部分を、living 以下を the animal refugee にかける考え方も、the animal refugee will be living と述語に読む考え方も、ともに「正しい」と呼ぶ。要は、読む人にどちらが必要かであって、その必要に従って、結果的に著者が伝えたい内容とはずれない意味がとれる限りにおいて、どちらのやり方も正しいのだ。

4.【重要語彙の意味】

Point 1. animal

　animal といえば「動物」である。何を今更、といわないように。そもそもこの「動物」という日本語、**animal** をそのまま置き換えただけの単語であることにお気づきだろうか。**animal**＝anim＋al である。anim は「動く」という意味。アニメーション（**animation**）というのは「動く漫画」のことを指す。そもそも日本語には植物以外の生き物を総称する言葉がなかった。「ムシ」「ケモノ」のように細かく分かれていたわけだ（「ケモノ」というのも、「毛が生えている生き物」だからららしい。何ともいい加減な話ではないか）。そこで、英語の **animal** は「動く生き物」だから「動物」という訳になりましたとさ。このように、現在我々がよく使う日本語には、英語などの外国語をそのまま置き換えたものが結構ある。中でも「簿記」（Book Keeping の発音に漢字を当てた）、「背広」（ロンドンにある仕立屋の多い街路の名前 Savile Row をそのまま読んだ）など、まじめにやっているとは思えないほどいかがわしいものがかなりあって面白い。

Point 2. ｜ the last

last というと「最後の」というイメージが強い。それ自体は誤ってはいないのだが、それをそのまま放り出して the last ten days ＝「最後の 10 日」などとやって世界を終わらせてしまうのはやめてもらいたい。英語に絶望して諸君が世界の終わりだと思うのは勝手だが、罪のない人まで巻き込まないように。the last には「最後」から派生して「終点に近い」、さらに「今という終点に近い」、つまり「最近の」という意味もある。

Point 3. ｜ species

元々は「同じ性質を持ったもの（の集まり）」という意味。一般には動植物の 1 つの種類を指すため、訳語としては「生物」がいちばんしっくりする。単・複同形なので注意が必要。付け加えておけば、英語には「生物」に当たる言い回しがかなりある。**organism** は本来「（系統だった）組織」という意味だが、生物も確かに 1 つの組織なので、これが「生物」という意味になることは多い。**wild life** は「野生生活」ではなく「野生生物」。**living things** はそのまんま。場合によっては **life** だけでも生物を表すことがある。

Point 4. ｜ institution

本来は何らかの「仕組み」を指す。決まった仕組み、という意味では「制度・しきたり」などという訳語が、「人間が作った仕組み」という意味では「組織・集団」という訳語が当てはまる。

Point 5. ｜ say,

構文解説で示したとおり **say** の後に comma が打ってあるだけで、前後につながりがなければ、この **say,** は副詞。意味は「たとえば」。だが、「たとえば」という言葉の性質上、前後に同じ種類の語句が来る場合があり、そのようなときは「等位接続詞」と考えるとよい。そのあたりは、すでに説明した **particularly** などと同じである。

Point 6. ｜ so

はじめに断っておくが、ここで扱うのは **so** という言葉のうち一般に「代名詞」と呼ばれるもの、日本語訳も「そう」と同じ音になる（もちろんただの偶然）ものだけである。**so** にはほかにも等位接続詞の **so** や副詞の **so** があるがそれはここの話とは

無関係である。そもそも、この **so** は確かに前の内容を受けている代用表現で、その意味で指示語なのだが、だからといってこれを代「名」詞と呼ぶのには抵抗がある。何しろ、**so** は前に書かれているものであれば、「何でも」受けるのだ。いや、1つだけ例外がある。単純な名詞は **so** では受けないのだ。たとえば **do so** という表現では、**so** は単純に **do** の目的語になる名詞を受けているのではなく、むしろ前の動作全体を受けているのだ。**I think so** というと、**so** が確かに **think** の目的語で名詞だということになるが、そもそも **think** は **that** 節以外を目的語にとらないので、**so＝that** 節全体、と考えるのが正しい。**so** は前に書いてあるものなら、文全体でも、単語1つでもうけることができるが、単純な名詞はほかに **it** などの代名詞がいるのでそちらに任せ、**so** で受けることはない。

5.【解法解説】

　内容一致問題は入学試験には一番よく出題される形式なので、当然諸君の関心も高いと思う。そこで、まず一般論としての「内容一致問題の解法」を解説しよう。

［Point 1.］　部分にこだわり、書いてあることだけに集中せよ

　内容一致問題が、「本文がちゃんと読めているかどうか」を確かめるための問題であることに異論のある向きはないだろうと思う。だが、では何を以て「ちゃんと読めている」というのかというと、たいていの諸君が「全体で筆者の言いたいことが分かっていること」だと言い出す。この点についてはかつても書いたが日本の国語教育に大いに責任があると私は思う。国語教育ではなぜか「筆者の言いたいこと」を探させる、という訓練ばかりが行われているらしい。ここで私がもっとも気になるのが「言いたい」、特に「たい」の部分である。「…したい」というのは、その行動を実際に行っていない場合に使われる。大学に現に行っている人間は、「大学に行きたい」などとは言わないのだ。つまり「筆者の言いたいこと」というのを分かりやすく言いかえると、「筆者がはっきり言葉にしていないこと」「言おうと思ったが結局やめたこと」ということになる。そういう、実体のない亡霊を追いかけることほど、無意味な消耗戦はない、と私は思う。しかもその際に使われる（？）技術といえば、「言外の余情をくみ取る」だの「行間を読む」だのといった怪しげでとらえどころのない民間療法みたいなものばかり、これでは勉強していていやになるのも無理はない。

　さらにこの傾向に拍車をかけているのが「全体で」である。ここにも一種の怪しい信仰があって、「全体」になったときに個々の部分に出てこない何かが見えてくるはずだ、と思っている人が多いようだ。確かに、映像のような視覚的なものは、ごく一部だけを見ていては分からないものが、全体を見ていると見えてくる、ということが

ある。だが、この比喩をそのまま文章というものに当てはめるのは危険な誤解である。映像は、部分であれ、全体であれ、一目で見ることができるものだ。対象との距離を変えることによって、部分を見るにせよ、全体を見るにせよ、それは長さゼロといってよい短時間で、つまり、同時に見ることができるわけだ。それに対して文章という媒体はそういうわけにはいかない。たとえば新聞記事を読むとき、一度に見える行数を増やそうとしてもそれには本質的に無理がある。全体を一度に見ようとして新聞を遠いところから眺めると、今度は字が小さくなって読めないのである。文章という媒体は、それを読み進めるのに時間がかかることを前提として書かれている。つまり読者が内容を理解するのに、長さゼロの時間は想定できない。そういう場合、筆者は必ずある一部分に自分が言っている（「言いたい」ではない、念のため）内容の核心部分を集中的に示してくることになる。ぶっちゃけた言い方をすれば、筆者は必ず要点をまとめて一カ所に記述するのである（こういうことを言うと、そういう箇所は段落の先頭にある、だの、文章の最初の段落・最後の段落にある、だのという怪しげなことを言う手合いが喜びそうであるが、そんな馬鹿な話はない。どこにそれを書くかは、すべて筆者の自由意志で決まっている。要点を段落の先頭に書かなければ後ろに手が回る国というのは聞いたことがない）。

　そして、そのような現実（内容は部分ごとに示される・言葉にならない「言いたいこと」は存在しない）と諸君の思いこみ（内容は全体で分かる・言いたいことを行間からくみ取る）とのずれが、諸君が内容一致問題で苦しむポイントであり、また大学が目を付けて出題したがる点でもあるのだ。

　したがって内容一致問題に答える際には、まず「書かれていること」だけに忠実になること、そして選択肢と対応する部分をきちんと本文から見つけだすこと、の２点が重要なのだ。それを忘れて全体を読み散らし、その印象だけで選択肢を「何となく」眺めていたのでは正解はとてもおぼつかないのである。

Point 2.　選択肢を先に見て本文を読み、対応箇所を探せ

　では、具体的に内容一致問題を解く手順を説明していこう。大まかにいうとその手順は以下の通りである。

①選択肢を先に見る
②本文で選択肢と対応する（らしい）表現を探す
③選択肢が本文の該当箇所と一致するかどうかを確認する

　①の「選択肢を先に見る」という作業は、純然たる受験テクニックである。いわゆ

る実用的な場面で文章を読む場合、そこには選択肢などないのだから、それを最初に見ておくなどという不自然なことはするはずもないし、またしたくてもできない。だが、入試というのは時間との勝負であって、その意味で無駄を刈り込むためにできることはすべてやらねばならない。それがいじましいほどに「受験のためだけ」であってもである。こういうところで、「武士は食わねど…」などといってやせ我慢をしない方がいい。

　ではそもそも何のために「先に選択肢を見る」などという行動をするのか。それはもちろん「本文を一度だけ読んですますため」である。よく、文章を読む際に「何度も読む」という方法を採る人を見かけるが、こと試験という場面において同じことを何度もやることほど効率の悪い方法はない。こういうところでも日本では「読書百遍自ずから意通ず」などというご託宣が無反省に信じ込まれていて、「何度も読めば分かる」という突撃型物量作戦的帝国陸軍的根性主義が未だにはびこっているのは乃木大将恐るべしといわざるを得ない（何のことやら）。それも、たとえば入学試験で問われる文章がどこかの哲学者のそれのように、書いた本人以外には（もしかしたら本人にも）理解不能なほど難しいというなら、何度も繰り返し読む、という行動にも一定の合理性があるだろうが、一般に入学試験に出題される、それも英語の文章に、そんなに難しいものが出ようはずがない。諸君も模擬試験の帰りに配られた解答につけられている全文訳を読んで、「なんて易しいことが書いてあるんだ」とあきれた経験があるはずだ。さよう、外国語の語学力を問うことが目的の試験で話の内容そのものが難しすぎると、語学ができないから分からないのか、それとも内容自体が分からないのかが分からないので、試験にならないのだ。

　ただ、本文を一度しか読まない以上、あらかじめ何を問われているか、内容一致問題では、どのような点が問題になっているかが分かっていないと困るのである。そこで、本文を読む前に、まず選択肢に目をさらしておくことが必要なのである。

　もちろん、選択肢を先に見るといっても、選択肢丸ごとしっかり読んでいたのでは時間を食いすぎる可能性がある。選択肢はただ目をさらす程度、ただし、その際に「ほかの選択肢にない表現・固有名詞、数字などの具体表現」に注目する。ほかの選択肢にない表現を見つけておけば、それと同じ表現が本文に出てきたところでその選択肢を解答すればいいと分かる。固有名詞・数字なども言い換えがきかないので本文にそのまま出てくる。その意味でそういう表現を一種のフラグ（元は「旗」のこと。何かが起こっているときに、それをはっきり示す指標になるものや出来事をいう）代わりに使うのだ。

Point 3.　選択肢と本文の対応箇所を緻密に比較せよ

48

　さて、準備が整ったら本文を読み始める。そして、選択肢と対応する表現が出てきたら、そこで改めて選択肢と本文の内容を緻密に検討する。そのとき大切なのは、「一切類推はしない」「少しでもずれていたら×（バツ）にする」という姿勢である。私などが学生諸君からよく問われることに、「この選択肢は、はっきりそう言っていないが、実は筆者はそう言いたいんじゃないですか」というのがある。先ほど指摘した「言いたいこと」コンプレックスがこういうところで諸君の判断をゆがませるのだ。これは私の推測だが、おそらく諸君はもっと幼い頃、「筆者の言いたいことを探しましょう」などと先生に言われ、それが「見つからなかった」経験があるのだ。私に言わせれば、客観的に合意できる「言いたいこと」などありはしない（特殊な場面を除く。たとえば入学試験で諸君が書く小論文では、テーマが何であれ諸君の「言いたいこと」は「お願いだから合格させてね」である。これは本文の内容からではなく、その文章が書かれた状況から明らかなのだ）のだから、見つからないのが当然なのだが、諸君はどうもそのことを負い目に感じているらしい。しかも先生が、「ここでは筆者は××と言いたいのですね」などと言い出すので、諸君はやはり筆者の言いたいことは見えなくてはならないのだ、見えない自分は罪深いのだと思いこみ、それ以後自分には何も見えないのを隠すために、ずっと何かが「見えているふり」をしてきたのであろう。だからそういう諸君にもう一度言っておきたい。冷静になりなさい。書かれていないものは存在しない。たとえば、誰かが「ああ、おなかが減ったなぁ」と言ったとする。その言葉は、「その人物が空腹を感じている」ということを示しはするが、それ以上でもそれ以下でもない。その言葉を聞いたあなたが「こいつは俺と食事をしたがっているな」と感じようが「あたしに何か作ってくれって言ってるわね」と思おうがそれはあなたの自由だが、それはすべて「あなたの感想」にすぎない。「ああ、おなかが減ったなぁ」という言葉に「一緒に食事をしよう」「何かつくってほしい」という意味があるとあなたが考えるなら、それは単なる「誤読」である。もしかしたら、相手の意図は当初から、あなたが気を回して何か食事を作ったら、「俺はそんなことは頼んだ覚えはない。そういう気の回し方をするのはやめてくれ」と言ってあなたをいじめることにあるのかもしれないのだ。そうでない、と否定する根拠などどこにもないのだ。ではどうすれば相手の「意図」が分かるのかって？　簡単なことだ。相手に尋ねてみればいいのさ。

　そこで、受験生の親御さんに言っておきたい（読んでないだろうけど）。もしあなたが息子や娘を「国際人」に脱皮させたいというのであれば、息子や娘が勉強部屋から出てきて「ああ、おなかが減ったなぁ」と言ったら、「ああ、そう。」と返事をすることをおすすめする。相手が「何か作ってくれ」と言うまで、気を回して夜食など作ってはいけない。ましてや、相手が部屋から出てもこないのに、こちらから夜食を

作って持っていく、などというのは言語道断である。さらに、そうして持っていった夜食を息子が食べてくれないからといって怒り出したりするのもやめた方がいい。「頼まれもしないのに」やったことが「感謝されて当然」と期待する方がどうかしているのだ。

　ついでに（また脱線するが）もう１つ言っておけば、前にも書いたようにこの「相手に理解させたいことはすべて言葉にする。言わないことは存在しない」という姿勢は、異文化間のコミュニケーションが必要な現代では、時代の趨勢になりつつある。よく日本では「国際化」が問題になるが、もしあなたが本当に国際人になりたいのなら、まずこのような姿勢が自分の自然な態度になるように改めなくてはならない。「言わなくても分かってくれるだろう」というのは、日本的な甘えの姿勢である。反対に、言葉になっていない相手の意図などくみ取る必要はないから、そういうことは「考えないように」心がけなくてはならないのだ。「考えないでいい」のだから楽ではないかと諸君は思うだろうし、事実慣れれば楽でいいのだが、人間一度身についた性癖はなかなか抜けないもので、日本人はついつい「考えてしまって」その結果孤立することになることが多い。

　話を本題に戻そう。内容一致問題を解答するときに心がけるべきことは、徹底的に書かれたことにこだわることである。書かれていないことは存在しないのだから、一切類推してはいけないのだ。ここで大切なのは、書かれていないことは実は「間違ってさえいない」ということである。

　ここで私がこういう話をするのは、最近の内容一致問題には「正しいものに○、間違いには×、本文からは判断できないものは△をつけよ」という問題がよく見られるからだ。正しいものを選ぶ、というだけの問題の場合は、本文に書かれていないものは「間違い」に分類されるが、これはあくまでも「正しくない」というだけのことである。だが、「本文からは判断できないもの」を答えることを要求された場合、「書かれていない」ものは書かれていない以上実は正誤を判断することさえできないのだ。

　ただ、「書かれていない」とはどういうことなのか、はきちんと考えなくてはならない。たとえば、選択肢にある語句が本文に全く出てこないからといって、単純に「判断ができない」とは言い切れない場合もある。

　一例を挙げよう。次の文章を読んで、下の選択肢が「誤り」なのか「判断不能」なのかを見分けてほしい。

「私は昨日、駅前で一人の少女に会った。その少女は赤い服を着て黄色い傘をさし、バス停の前に立っていた。」

> 1. 私は昨日駅前で一人の少年にあった。
> 2. 私があった少女は白い靴を履いていた。
> 3. 筆者は「私があった少女は白い靴を履いていた」と言っている。

　正解は2のみ「判断不能」で、1と3は「誤り」である。2が「判断不能」であることはとても分かりやすい。何しろ本文ではその少女の「靴」について何も言っていないのだから、その色が白だったかどうかは全く分からない。ところが、3は似ているように見えても明らかに「誤り」である。3の選択肢では「筆者…と言っている」かどうかが問題なのだ。先程述べたように筆者は少女の靴については「何も言っていない」。「何も言っていない」という事実は選択肢の「…と言っている」とは明らかに食い違っている。したがって3は「判断不能」なのではなく「誤りだ」と判断できるのだ。1についても、「少年」が本文に出ていない以上、「会ったかどうか分からない」ではないか、という学生が必ず出てくる。ところが、この文の筆者は「私は少女に出会った」と言っており、その「少女」という言葉と「少年」という言葉は、明らかに食い違う。本文と「食い違い」のある選択肢は「判断不能」ではなく「誤り」なのである。

　ところで、もし今例示した文章で「筆者の言いたいこと」は何か、と問われたら諸君はどうするだろう。正解は「分からない」である。諸君の中には「少女に会った」ことが言いたいに決まっている、という人もいるだろうが、そういう人は、自分の症状が重傷であると認識してもらいたい。これだけの文章では、この筆者の言いたいことが「少女に会った」ことなのか「少女が赤い服を着ていた」ことなのか、「少女に会ったのが駅前であった」ことなのかは判然としない。唯一言えることといえば、「この筆者は少女の靴の色のことは言いたくないらしい」ということだけである。もちろん、この文章がもっと長い文章の一部だとすれば、ほかの箇所を読むことによって筆者の発言の主眼は分かるかもしれないが、それも保証の限りではない。筆者の「言いたいこと」が分かることがあるとすれば、それは筆者が自分で、何らかの表現を使って「私はこれが一番言いたい」と書いた場合だけなのだ。

　内容一致問題で「誤り」とされる選択肢は、そのほとんどが、「言葉の意味を取り違えて」いたり、「事実関係が本文と食い違って」いたりする。そのあたりをしっかり把握するために、選択肢と本文の対応箇所をしっかり見比べてもらいたいものである。しかも、最近は選択肢自体が文法的に複雑な文で書かれていることがかなりあるので、選択肢を誤読しないように、選択肢だからといっていい加減に見るのではなく、ちゃんと構文をとって正確に読まなくてはならない。

　では、実際にこの問題での各論に入ってみよう。各選択肢で、注意すべき語句をま

ずチェックする。

(a) If we $\boxed{\text{stop killing animals}}$, their number will be restored $\boxed{\text{without further help}}$.

(b) Though $\boxed{\text{many useful attempts}}$ to protect wild animals have been made in the recent years, they are $\boxed{\text{not enough}}$.

(c) Today, to save a species of animal or not chiefly depends upon whether it is $\boxed{\text{economically valuable}}$ to man or not.

(d) Even $\boxed{\text{the zoologists}}$ are quite satisfied with just writing $\boxed{\text{papers}}$ about the extinct animals and want to do no more.

(e) Except for a few zoologists, $\boxed{\text{many people think}}$ that every animal is $\boxed{\text{worth being saved}}$, even if it costs money.

(f) $\boxed{\text{To try to save only the important animals}}$ has no meaning. We should rather $\boxed{\text{leave them as they are}}$.

(g) Because of their limitations, $\boxed{\text{the private efforts}}$ to save some animals have no meaning.

(h) $\boxed{\text{The best reason}}$ why we ought to protect animals is that we cannot make a new species or recreate an extinct one.

(i) Many people were upset when $\boxed{\text{the Tower of London}}$ was destroyed.

(j) $\boxed{\text{The Tower of London}}$ originally was built $\boxed{\text{as an animal sanctuary}}$.

(k) Compared with the importance of saving wild life, we can ignore the value of $\boxed{\text{man-made things}}$ even if they are the things which have seemed very precious to us.

(l) Most people appreciate the fact that $\boxed{\text{each unique and wonderful animal}}$ is the result of $\boxed{\text{a long period of development}}$.

(m) As we have not realised the real value of animals, the animals have no other choice but $\boxed{\text{to depend upon the protection of a few people}}$.

　枠で囲んだ部分がそれぞれの選択肢で目を付けておくとよい部分である。もちろん、理想を言えば「すべて覚えておく」とよいのだろうが、人間そんなに何もかも覚えておけるものではない。そこで、ほかの選択肢にない部分や、固有名詞などを特に意識的に記憶に残していく。

　この状態で本文に入り、似たような表現が出てくるところで立ち止まって選択肢の正誤を判断していく。

(a)

> If we **stop killing animals**, their number <u>will be restored</u> **without further help**.

対応する本文は第1文後半である。

many lovely and interesting animals have been so reduced in numbers

that, **without protection and help** they can **never** <u>reestablish themselves</u>

見ての通り、**will be restored** と **reestablish themselves** という似た表現があるが、その部分の肯定・否定が明らかに逆である。よって誤り。

(b)

> Though **many useful attempts** to protect wild animals have been made in the recent years, they are **not enough**.

対応する本文は第3文

although **much is being done**, **there is still a very great deal to do**

すでに【構文解説】でやったとおり、**there is a very great deal to do** は「まだやっていないことが多い」であり、「不十分だ」と言いかえられる。ちょうどこれは選択肢(b)の主節の述語 **are not enough** と精密に一致する。この選択肢は本文に一致。

(c)

> Today, to save a species of animal or not chiefly depends upon whether it is **economically valuable** to man or not.

まずこの選択肢は構文を正しく解読しなくてはならない。

> Today, to save a species of animal or not chiefly <u>depends upon</u> **whether** it <u>is</u> economically valuable to man or not.

　動詞は2つ（**depends on, is**）で接続詞は1つ（**whether**）。主節は **depends on** で作られている。**whether** 節は **depends on** の目的語。**depends on** の主語は **to save…** 全体である。

　そこで、全体図を示してみよう。

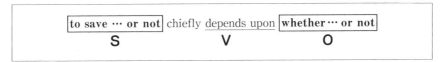

depend on についてはすでに 4 章の【重要語彙の意味】のところで〈be〉based on とともに説明済みである。その結論だけを利用すれば、**depend on** は左向きの矢印である。

すると、**whether** 節（**depend on** の目的語で名詞節）が「…かどうか」という「未確定の状態」を表すので、その後で決まるはずの **to save** の部分も「…かどうか」という未確定を示す訳語で表さなくてはならない。つまり選択肢の訳の骨子は「…を救うかどうかは…かどうかによって決まる」になる。後はそこに各単語の意味を流し込んで、「ある動物を救うかどうかは、それが人間にとって経済的に重要であるかどうかによって決まる」となる。

本文の対応箇所は第 4 文である。

Unfortunately, the majority of useful work in animal preservation has been done mainly for animals which are of some economic importance to man.

解読はすでに【構文解説】ですんでいる。この部分の意味は「動物保護の有効な努力は、人間にとって経済的に重要な動物に主に向けられてきた」であるから、本文の選択肢と一致する。

(d)　Even the zoologists are quite satisfied with just writing papers about the extinct animals and want to do no more.

zoologists, **papers** という語句を手がかりに対応箇所を探すと、第 4 文後半が該当する。

there are many obscure species of no economic importance which, although they are protected on paper, as it were, are in actual fact being allowed to die out because nobody, except a few interested $\boxed{\text{zoologists}}$, consider them important enough to spend money on.

この選択肢(d)の正誤の鍵を握るのは **paper(s)** という単語である。本文では【**構文解説**】ですでに述べたように **on paper** は「理論上は」という意味で、**paper** というのは一種の比喩にすぎない。ところが、選択肢では **writing　papers** であり、この **paper** は **write** の目的語であるから明らかに何らかの「文章」を指す。「文章」に当たる言葉は本文にはないので、本文と選択肢は一致していない。

(e) | Except for a few zoologists, $\boxed{\text{many people think}}$ that every animal is $\boxed{\text{worth being saved}}$, even if it costs money.

根拠とする本文はやはり第4文後半。

nobody, except a few interested $\boxed{\text{zoologists}}$, consider them important enough to spend money on.

ここには「そういう動物が金をかけるほど重要だと考える人がいない」と記述されているが、これは選択肢の **that** 節の内容と明らかに矛盾する。

(f) | $\boxed{\text{To try to save only the important animals}}$ has no meaning.
We should rather $\boxed{\text{leave them as they are}}$.

この選択肢には、本文に対応箇所がない。**leave them as they are** は **as** 節が **C** になる〈**SVOC**〉文型で、「動物たちを今のままにしておく」、つまり「現状を変えない」ということになるが、これに当たる記述自体が存在しない。当然誤りである。

(g) | Because of their limitations, $\boxed{\text{the private efforts}}$ to save some animals have no meaning.

private という言葉にこだわって対応箇所を探すと第5文が対応すると分かる。

… it is some small comfort to know that there are certain $\boxed{\text{private}}$ individuals and some institutions who consider that the work of trying to save and provide a place of safety to these threatened animals is of some importance.

　本文の内容はすでに読んだとおりだが、主節が **it is comfort to know**… なので、「そういう **private** な人や団体がいると知ってほっとする」なのだから、筆者はそういう **private** な存在を肯定していると分かる。ところが選択肢では the private efforts have no meaning と、その存在意義を否定している。よってこの選択肢も誤りである。

(h)　The best reason why we ought to protect animals is that we cannot make a new species or recreate an extinct one.

　まずは選択肢の解読から。

The best reason why we ought to protect animals is that we cannot make a new species or recreate an extinct one.

　動詞は 3 つで接続詞は 2 つ必要（**why**、**that**）。

The best reason why we ought to protect animals is that we cannot make a new species or recreate an extinct one.

　これで主節は **is** でできていると分かり、文の構成は下のように見える。

$$\text{The best reason } \boxed{\text{why }\cdots} \underset{\mathbf{S}}{} \boxed{\text{is}}_{\mathbf{V}} \boxed{\text{that }\cdots}_{\mathbf{C}}.$$

「理由は **that** 節だ」が、意味の骨格となる。後は中身を流し込むだけ。**why** 節は **M** なので形容詞節（**why** 節に副詞節はない）、つまり **why**＝関係詞。全体の意味は「我々が動物を守らなくてはならない一番の理由は、我々は生物を作ったり復活させたりできないということだ」である。
　The best reason を手がかりに本文の対応箇所を探すと第 6 文。

It is important work for many reasons but perhaps the best of them is this: man, for all his genius, cannot create a species, nor can he recreate one he had

56

> destroyed.

　解読はすでにすんでいる。本文の意味は「動物を救うことが大切である一番の理由
は、人間は優れてはいても、新しい生物を作ったり絶滅させた生物を復活させること
はできない」である。これは選択肢と完全に一致する。

(i)　Many people were upset when the Tower of London was destroyed.
(j)　The Tower of London originally was built as an animal sanctuary

　この２つはまとめて面倒を見よう。どちらにも the Tower of London が登場する
のでそれを手がかりに対応箇所を探すと、第７文前半が見つかる。

> There would be a dreadful outcry if anyone suggested destroying, say, the
> Tower of London,

　まず、見ただけで(i)は本文と一致しないと分かる。本文では「ロンドン塔の取り壊
し」は仮定法で書かれているのだから、現実ではない。だが、選択肢(i)では助動詞過
去が使われていないので、これでは過去の事実が書いてあることになる。(j)は as an
animal sanctuary が誤り。as はもちろん前置詞で the Tower of London＝an ani-
mal sancturary ということになるが、本文では the Tower of London がどのような
ものなのか、その内容は全く書かれていないのである。間違ってもらっては困るが、
これは歴史の試験ではないので、諸君自身の「ロンドン塔」に関する知識は一切使っ
てはならないし、「知らないからできない」といういいわけも通用しない。筆者が
「ロンドン塔」をどのようなものであるとも定義していない以上、それは「分からな
い」のであって、勝手に＝an animal sanctuary とすることはできないということに
気づくことが重要なのである。

(k)　Compared with the importance of saving wild life, we can ignore the value
of man-made things even if they are the things which have seemed very
precious to us.

　このような選択肢こそ、思い入れの強い諸君が間違いかねないものである。選択肢
にある man-made things は本文では the Tower of London のことであり、次の第
８文では historic monuments と一般化されている。そこで、第８文を眺めてみよう。

So, until we consider animal life to be worthy of the consideration and reverence we bestow upon $\boxed{\text{historic monuments}}$, there will always be the animal refugee living an insecure life on the edge of extinction, dependent for existence on the charity of a few human beings.

解読はすでにすんでいるのだが、いずれにせよ、ここには選択肢の記述 we　can ignore the value of $\boxed{\text{man-made things}}$ 「人工物の価値を無視してよい」などとは全く書かれていない。第8文ではあくまで「人工物に与えるのと同じ考慮を自然にたいしても与える」といっているだけで、「人工物に与える考慮を取りやめる」とは書かれていないのだ。書かれていない概念は存在しないので、この選択肢は本文とは全く一致しない。

(1)　Most people appreciate the fact that $\boxed{\text{each unique and wonderful animal}}$ is the result of $\boxed{\text{a long period of development}}$.

本文の対応箇所は第7文後半である。

yet $\boxed{\text{a unique and wonderful species of animal}}$ which $\boxed{\text{has taken hundreds of}}$ $\boxed{\text{thousands of years to develop}}$ to the stage we see today, can be wiped out without more than a handful of people raising a finger or a voice in protest.

選択肢には「生物は長い進化の結果生まれたものだという事実をほとんどの人が理解している」と書いてあるが、本文ではすでに読んだとおり、「そういう生物たちが、ほとんど誰にも注目されることなく死に絶える」とあるので、そういう生物が長い進化の結果生まれたことを評価している人は少ないことになる。つまりこの選択肢は本文とは一致しない。

(m)　As we have not realised the real value of animals, the animals have no other choice but $\boxed{\text{to depend upon the protection of a few people}}$.

この選択肢では no A but B「B 以外の A はない」を正しく使うことが大切である。have no other choice but to depend…では、「depend する以外の選択肢がない」すなわち「depend するほかない」となる。つまりこの選択肢の意味は、「動物の値打

58

ちに我々が気づいていないため、動物たちは少数の人の保護に頼るほかはない」になる。

本文で対応する箇所は第8文である。

> So, until we consider animal life to be worthy of the consideration and reverence we bestow upon historic monuments, there will always be the animal refugee living an insecure life on the edge of extinction, dependent for existence on the charity of a few human beings.

すでに解読したとおり、この文は「我々が動物の値打ちに気づくまでは、少数の人の保護にすがって生きる生物が存在するであろう」である。言いかえれば、「今はまだ気づいていないから、少数の人にすがるしかない」とも言いうる。したがって、選択肢(m)は本文に一致する、と分かる。

このように、選択肢と本文の各対応箇所を見比べることが内容一致問題でもっとも大切なことであり、その際「本文全体で言いたいこと」は問題にならない。このことに気づくことが、この種の問題に対する得点力を上げるためにもっとも重要なことなのである。

7

英語長文読解問題【解法研究】

慶応大学医学部

1991年度

問 題

次の英文を読んで、下の間に答えなさい。

Language, like other forms of social activity, has to be appropriate to the speaker using it. This is why, in many communities, men and women's speech is different. In certain societies, a man might be laughed to scorn if he used language inappropriate to his sex — just as he would be if, in our society, he were to wear a skirt. This, however, is only a part of the overall picture. Behaviour does not only have to be appropriate to the individual, it also needs to be suitable for particular occasions and situations. There are, for example, some circumstances in which a woman who wore a skirt would also be in danger of being laughed at. (A woman competing in a sprint race or going for a swim in a skirt would undoubtedly look somewhat incongruous, to the point of inviting laughter.) This, too, has its counterpart in language. To give a boxing commentary in the language of the Bible or a parish-church sermon in legal language would be either a bad mistake, or a joke. Language, in other words, varies not only according to the social characteristics of the speaker (such as his social class, ethnic group, age and sex) but also according to the social context in which he finds himself. The same speaker uses different linguistic varieties in different situations and for different purposes. The totality of linguistic varieties used this way — and they may be very many — by a particular community of speakers can be called that linguistic community's *verbal repertoire*.

問　本文の内容と一致するものを選び、その番号で答えなさい。一致するものがなければ、○を記入しなさい。

A. **Use of language involves**

  (1) both men and women in social activities.

  (2) appropriateness to individual speakers.

  (3) particular occasions and situations in the society.

  (4) the speaker and the social context.

B. **People in certain societies might laugh at a man if he used**

  (1) the speech of his opposite sex.

(2) the dialect of his community.

(3) the vocabulary with which to describe women's clothes.

(4) the language suitable to use with the people around him.

C. *Verbal repertoire* **refers to**

(1) the total of different varieties in a particular society.

(2) the whole of linguistic forms used by speakers in a certain community.

(3) the number of different linguistic situations in which the speaker finds himself.

(4) the sum of social characteristics of speakers in a distinctive society.

D. **If a person is talking to the people with whom he works, his language is likely to be**

(1) not different from that he will use at home with his family.

(2) approximately the same as that he would use with his wife.

(3) nearly identical with that he learned at school when he was young.

(4) very similar to that he used to use to communicate with his peers when he was a child.

E. **Which linguistic variety is actually to be used on a particular occasion will depend on**

(1) the kind of community.

(2) the system of language.

(3) many social factors.

(4) characteristics of speakers.

1.【全　訳】

　言葉は、その他の種類の人間活動と同じく、それを使う人にあったものである必要がある。それで、多くの社会では、男言葉と女言葉の区別が存在するのだ。社会によっては、男性が女言葉を使うとあざ笑われることがある。それはちょうど我々の社会で男性がスカートをはくと笑われるのと同じである。だが、これで全部というわけではない。行動というものは、それを行う人間にとってふさわしいことが必要であるばかりでなく、その場の状況にもふさわしいものである必要がある。たとえば、スカートをはいた女性がやはり笑われる危険がある場面というのがある。（スカートをはいたまま短距離走や水泳をやる女性がもしいれば、

62

間違いなく場違いな感じがあり、そのため失笑を買うに違いない。）これと同じことが言葉にも起こる。たとえば聖書にあるような、牧師が説教に使うような言葉でボクシングの解説をしたり、法律用語で教会の説教を行ったりしたら、それはひどい間違いか冗談にしかならない。言いかえれば、言葉は単に使う人間の社会的立場（階級・民族・年齢・性別など）によって変わるだけではなく、その人が言葉を使う場面にも影響を受けるのである。同じ人間でも、状況や目的が違えば使う言葉も違ってくる。ある集団の中で、このように使われる様々な種類の言葉を総称して、その言語社会の言葉のレパートリーという。

2.【解　答】 A (4)　B (1)　C (2)　D ○　E (4)

3.【構文解説】 難易度：全体に平易な文章である。特に複雑な構成による文はない

(1) 第3文

【 **Point 1.** 】　as による同じ形の反復に注意

In certain societies, a man might be laughed to scorn if he used language inappropriate to his sex — just **as** he would be if, in our society, he were to wear a skirt.

上の通り、**as** の前後は明らかに同じ形で書かれている。もちろんこれで **as** は「様態」であることが分かり、2回目の **he would be if** のところには、**be** と **if** の間に **laughed to scorn** が省略されていることも分かる。後はそれぞれ前後を仮定法に従って解析し、訳をつけてやればよい。細かい点だが、最初の **if** 節では動詞 **used** が〈**SVO**〉しかとらないので、**inappropriate** は **M** になる。**inappropriate to his sex** が全体で形容詞になっていると考えれば、後ろから **language** にかかるといえる。また、2回目の **if** 節には **if S were to V** という仮定法の定型表現が使われている。

(2) 第4文

【 **Point 2.** 】　論理接続の副詞は文頭へ

This, however, is only a part of the overall picture.

　動詞が1つしかないので接続詞はない。したがって **however,** は「論理接続の副詞」（実は、**however** の後に **comma**（, ）があるものはすべて論理接続の副詞といってよい）。論理接続の副詞はどこにあっても文頭に出すのが基本だから、文頭で「しかし」と逆接する。訳自体は簡単で、「しかしこれは全体像のごく一部でしかない」。ということは、「ほかにも何かある」と言っているのだが、読者である我々には当然「何があるのか」はまだ分かっていないので、「ほかに何があるのか」という疑問を筆者にぶつけるつもりで第5文に進む。第5文は構文を解説するほどのものではないが、**not only A but also B** が出てくる（この表現で B が **SV** の場合は **but** は省略可能であることに注意）ので、これはちょうど我々のねらい通りである。**not only A but also B** の意味「A だけでなく B も」から考えても、A には第3文以前にある「人による言葉の使い分け」が登場し、B に我々が知りたがっている「ほかの何か」が出てくるはずだと分かる。後はその部分 **it also needs to be suitable for particular occasions and situations** を正直に読めばよい。

(3) 第6文

　┌ **Point 3.** ┐　部分的に使われている仮定法に注意

There are, for example, some circumstances │in which│ a woman │who│ wore a skirt would also be in danger of being laughed at.

　見ての通り、動詞は3つで接続詞は2つ。主節は先頭で、**There are some circumstances** で終わり。なお、**for example** も「論理接続の副詞」なので文頭に出す。当然 **in which** 以下は **circumstances** にかかる **M**。

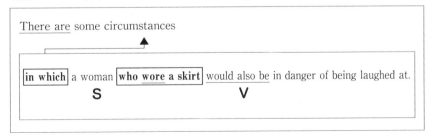

　この文で注意しておくべきことは、動詞の時制にずれがある理由である。主節が現在なのは「一般論」だからであるが、同時にこれは「現実」であることを示している。in which 節の動詞 would be…には助動詞過去が使われているので、ここは仮定法。すると、a woman にかかる who 節の動詞が過去なのは、この部分も仮定法の影響を受けているからだと分かる。そこで、who 節を半ば条件に訳すと収まりがつく。「女の人がスカートをはいていても笑われかねない場面がある」。

(4)　第7文

[Point 4.]　知らない単語の意味を類推する

　この文は括弧でくくられているので、直前の内容の補足、ないし具体例だと考えられる。構文解釈をするときは括弧ははずしてしまう。

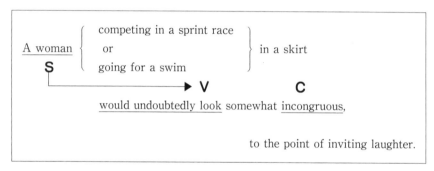

　全体像は上の通り。動詞は1つだけなので接続詞・関係詞はない。主語は先頭の前置詞のない名詞 A woman。当然あいだは M になる。しかも M の部分は or によって competing と going がつながるという形で書かれている。この M は主語の A woman にかかると考えられるが、同時に動詞に would という助動詞の過去がついていて仮定法なので、この部分を条件と考える。その理由は、この M に書かれている内容（スカートをはいて短距離走を走る、水泳をする）がもっとも「非現実」的なことだからだ。

　動詞 look の後ろには incongruous という形容詞がある（意味は分からなくても、-ous という語尾は形容詞を示している）ので、この look は〈SVC〉文型。そこで全体の意味の骨格は、「スカートをはいて短距離走や水泳をやると、その女性は incongruous に見える」となる。だが、多くの諸君にとっての問題は incongruous を知らない、ということだろう。だが、「知らない」という事実を正直に使ってやれば、incongruous の意味は導き出すことができる。もう一度文後半を見てみよう。

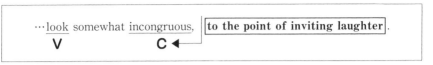

　見ての通り、文型は **incongruous** で終わっているから、その後ろは **M** ということになる。ここで「**M**＝説明である」という事実を思い出してほしい。説明は、説明が必要なところ、すなわち「よく分からないところ」にかかるものである。今諸君にとって **incongruous** は「その意味が分からない」単語なのだから、当然後ろの **M** は **incongruous** の説明になっているのだ。

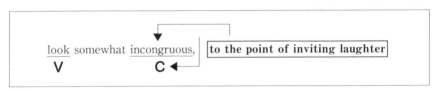

　M の意味はそれほど難しくない。**to the point** は「ある点まで」である。もちろんこれでは **point** の内容が分からないし、**point** には「予告の **the**」もついているのだから、**of inviting laughter** は **point** にかける。すると「笑いを招く点まで」、言いかえれば「笑いを招くほど」ということになる。「笑いを招くほど」という言葉がかかるのは「可笑しい」という形容詞に決まっている。したがって、**incongruous** のここでの意味は「可笑しい」だと分かる。

⑸ 第8文

　Point 5.　　**counterpart** を正しく読む

　counterpart については1章の【重要語彙の意味】で説明してある。ここではそれを利用すればいいだけのことだ。**counterpart** は「対応するもの・同じようなもの」という意味だから、「これと同じようなことが言葉にもある」と訳してやればよい。

⑹ 第9文

　Point 6.　　等位接続詞に注目し、不定詞を正しくまとめる

To give a boxing commentary in the language of the Bible or a parish-church sermon in legal language <u>would be</u> either a bad mistake, or a joke.

見ての通り、動詞は1つの単純な文だが、動詞の前がかなり長いので、それをきちんと整理してやる必要がある。鍵を握るのは **or** である。

$$
\text{To give}
\begin{cases}
\text{a boxing commentary } \underline{\text{in}} \text{ the language of the Bible} \\
\text{or} \\
\text{a parish-church sermon } \underline{\text{in}} \text{ legal language}
\end{cases}
$$

$$
\underset{\underset{V}{\text{would be,}}}{S}
\begin{cases}
\text{either a bad mistake} \\
\qquad\quad C \\
\text{or} \quad \text{a joke}
\end{cases}
$$

まとめた結果は上の通り。**or** の後に **a** のついた名詞（しかも「話す」という意味を持つ）＋**in** …**language** があるので、前の同じ形のところと並べる。すると、**a**…**sermon** は **a**…**commentary** と同じく **give** の目的語だと分かる。すると、動詞 **would be** の前には全体で **To give** で始まる不定詞だけがいることになるから、これが全体の主語。ただし助動詞 **would** に配慮して仮定法を考えると、この不定詞は条件でもある（内容が「非現実的」だから）。後は単純に〈**be**〉動詞の文型を利用して、**To give**…＝**a mistake or a joke** を基本形に意味をとる。

⑺ 第10文

[Point 7.] 同じ形の反復を利用し、第5文と同内容であることに気づく

Language, **in other words**, varies not only according to the social character-istics of the speaker (such as his social class, ethnic group, age and sex) but also according to the social context in which he finds himself.

まず **in other words** が「論理接続の副詞」であることから（そんなことは知りませんでした、などと言わないように。前置詞＋名詞は **M** で、前の名詞にかからなければ「副詞」。しかも「言いかえれば」という日本語は、一種の接続詞と考えられる。「訳すと接続詞のように見えるが実は副詞」というのが「論理接続の副詞」だから、**in other words** が「論理接続の副詞」であることは明白である）、これを文頭に出す。すると、この文全体は、前の何かを言いかえたものであると分かる（何しろ筆者が自分で「言いかえれば」と言っているのだから間違いない）。とはいえ、すぐに直前に

答えを求めるとすれば、それは諸君の思いこみにすぎない。いくら「言いかえれば」とあるからといって、直前を言いかえていると思いこむのは早計にすぎる。それより、ある部分 A と B があって、B が A の言い換えになっているとすれば、内容的には A＝B である（当然だね）。英語では、「同じ内容」を示すのには「同じ形の反復」を使うので、文法的に見てこの文と同じ形になっているものはないかと前を探す。するとこの文に使われている **not only A but also B** という言い回しが、第 5 文にも出てきていることに気づくはずだ。

（この文）

Language varies
- not only according to the social characteristics of the speaker
- but also according to the social context **in which he finds himself**.

（第 5 文）

Behaviour does not only have to be appropriate to the individual,
it also needs to be suitable for particular occasions and situations.

　しかもこの文（第 10 文）には **according to…**「…に従って」という表現があるが、第 5 文の **be appropriate to (suitable for)…** は「…に適している」、言いかえれば「…に従っている」だと言えるから、その意味でも全く同じ内容が書かれていると分かる。すると **but also according to the social context** に現れる **social context** は第 5 文後半（**also** 以下）の **particular occasions and situations** と同じものであると分かる。つまり **social context** は「その場の状況」という意味である。こういうことを考えずに単語の辞書訳だけを重ねて「社会的文脈」などとするのは自分を自ら隘路に追い込むような行動である。「社会的文脈」などという言葉は、誰にも意味が分からないものだからである。こういう「分からない訳語」を勝手につくっておいて、それで自分で混乱してしまうのであれば、実に間の抜けた話だといわねばならない。

(8) 第 12 文

　Point 8.　主語を確定し、受け身を利用して意味を明確化する

68

> The totality of linguistic varieties used this way － and they may be very many － by a particular community of speakers can be called that linguistic community's *verbal repertoire.*

まず2つの **dash** に挟まれた挿入ははずしておく。

> The totality of linguistic varieties used this way by a particular community of speakers <u>can be called</u> that linguistic community's *verbal repertoire.*

　動詞は上の通り1つであり、接続詞はない。ところが、こう書くと諸君の中には **used** が動詞ではないかと反論する人がいるだろう。そういう人は、まだまだ修行が足らないようだ。

　一般に、他動詞の **-ed** 形が $\mathbf{V}$（過去）、$\mathbf{V}$p.p のどちらであるかは、後ろの目的語の有無で決められる。他動詞が能動であれば必ず（不完全な文でない限り）目的語があるし、それがないというなら目的語がなくてよい形（つまり「受け身」）になっているはずだと考えるのは当然のことである（ちなみに、自動詞に関してはこのようなことで迷うことはない。**have** の後ろでは自動詞は $\mathbf{V}$p.p になれるが、受け身を作れない自動詞は単独では $\mathbf{V}$p.p になるはずはないからである）。

　おそらく **used** を $\mathbf{V}$ だと主張する諸君は、後ろに **this way** という名詞があるから、これを目的語にしているはずだ、目的語があるなら動詞だとあんたは言ったじゃないか、といって口をとんがらがすに決まっている。もちろん、私はそう言ったことがある。だが、それがすべてであり絶対であるなどとは一度も口にしたことはない。ルールというのは、それをうまく利用していく限りにおいて実に便利なものであるが、それに縛られるようになると、却って自縄自縛に陥ることがある両刃の剣である。そもそも、ある場面で1つのことしか思いつかない、ということ自体問題なのだ。どんなことも複数の視点から考えてクロスチェックを怠らなければ、つまらない失敗をすることはない。

　実は **used** が動詞であると困るのは、もし **used** が動詞なら「過去形」だからである。文章全体を見渡してもらえば分かることだが、この文章には、仮定法以外で「過去形」の動詞が使われている場所が一箇所もないのだ。そもそも内容が「言葉に関する一般論」であり、一般論は現在形で書かれなくてはならない。すると、もしここにあえて過去形を使ってくるとすれば、筆者はその理由を明らかにすべきであり、また「過去」とはいつのことなのかを明示しなくてはならないが、筆者がそのようなこと

をしている形跡はない。ということは、この **used** は **V** ではなく **Vp.p** で「なくては
ならない」のだ。では、**this way** をどうするのか。目的語でないとすれば役割がな
いではないか、という疑問は当然わくが、これには **way** に関する有名な（かつ例外
的な）ルールを適用すればすむ。そのルールとは、「役割の見えない **way** の前には
in を補っていい」というものである（**way** にしか通用しないので、いい加減に拡張
しないように）。するとここは **in this way** と考えられるため、**used** には「目的語が
ない」という説明が成り立つことになって、万事めでたしである。

| used (in) this way by a particular community of speakers |

The totality of linguistic varieties

can be called that linguistic community's *verbal repertoire.*

　これで動詞が **can be called** 1つであると証明され、その主語は先頭の前置詞のな
い名詞 **The totality** (of linguistic varieties)、したがって **used** 以下動詞までは **M** で
あると分かる。
　さて、次に動詞 **call** を考えよう。**call** は通常〈**SVOC**〉文型をとるが、受け身に
なると後ろに **C** が1つ残っている計算になる。するとそれ（**C**）が最後にある名詞
verbal repertoire であると分かる（これが名詞であることは、**community's** と所
有格がかかってくることで明らか）。これを整理して、文の要素だけを表示すると次
のようになる。

The totality of linguistic varieties…can be called…*verbal repertoire*
S 　　　　　　　　　　　　　　　　＝　　　　　　　　　　　　**C**

　つまり、**The totality of linguistic varieties**＝***verbal repertoire*** が成り立つと分
かる。

4.【重要語彙の意味】

Point 1. ｜ social

　この単語は「知っている」という人が多い。ところが、ではその意味は？　と尋ね
ると、たいてい「社会的」という答えが返ってくる。だが、結論からいうとこの訳で
は不十分である。もちろん、これで意味が通る場合もあるのだが、それでは意味が合
わないこともかなりあるのだ。これはそもそも **social** の名詞形である **society** の意味

に関する誤解からきている。これもごく安易に「社会」と訳されることが多いのだが、実際にはそうでない意味で使われることがかなりある。日本でも有名な例は English Speaking Society（ESS）というクラブの名称だろう。和名は「英語部」か。このように、実は **society** は「人の集まり・集団」という程度の意味であって、我々日本人が「社会」と呼ぶシステム全体を必ずしも指すとは限らないのだ。むしろ **society** には「人と人が交わるところ」という意味がある（動詞の **associate** を思い浮かべてみてほしい）ので、日本人の意識にある「社会」という存在（これはむしろ「人間」を抑圧する存在と意識されており、場合によっては「人間」の反対語でさえある）とはだいぶ趣を異にするのだ。もちろん英語の **society** も、我々日本人が「社会」というのと同じ全体的システムを表す場合もあるので、一概に「社会」という訳を誤りとは言えないが、少なくとも基本的な認識は「全体」ではなく「人と人のつながり」であるべきだ。このような **society** の意味は当然 **social** にも反映されており、それはたとえば **social dance** などという言葉に表れている。この「男女ペアで抱き合って踊るダンス」は日本では「社交ダンス」と呼ばれているが、どんなに上品な語句で飾り立ててみても、詰まるところこれは「上流階級のナンパ」にすぎない。つまり、男女がその人間関係を確立する（あるいは破壊する）時に使われるダンスであり、「人と人のつきあい」に関わるから **social** なのである。こういう理解に基づき、**social** を訳すときにはそれが「システム全体」を指示するのか「人と人のつながり」を指示するのかを慎重に見極める必要がある（もちろん軸足は「人と人のつながり」に置くべきであることは言うまでもない）。たとえば本文でも **language** が **social activity** の1つとして登場するが、**language** は「人とつきあう術」であることは言うまでもないから、**social activity** を「社会的活動」などと訳すのは筋違いである。先に示した全訳では、あえて「人間的活動」という挑戦的な訳語を使っておいたが、その意図はこれでくみ取ってもらえたと思う。

Point 2. picture

　外来語として我々の日本語の中に入り込んでいる言葉と、その元となった英語の間にはかなりずれがある場合があることは、比較的有名な事実である。ただ、英語には該当する単語がない和製英語（ガードマン、ダンスパーティなど。それぞれ guard man, dance party という言葉はなく、guard, dance とだけするのが正しい。反対にスタッフは日本語では「ひとりの職員」を指すのに対し、英語の staff は「職員全体」を示す。「ひとりの職員」のことは staff member と言う）は、それがそのまま英文に出てくることはないので、英作文以外の場面では、まああまり心配するには当たらない。だが、日本で流布している意味と英語の元の意味が食い違う、あるいは逆

であるような場合、読解していてつい知っているつもりになるので危険である。そのような単語の代表例が **image** である。日本語にはカタカナ語の「イメージ」という言葉があるが、これは英語の **image** とは異なる意味を持っている。日本人が「イメージ」という言葉を使うとき、それはたいてい「頭の中に思い浮かんだ光景」であって、特に映像関係の職業にでも就いている人以外は、映像のことを「イメージ」とは言わない。だが、英語の **image** にはこの「頭の中で思い描く想像」という意味はない。**image** の意味はあくまでも「目に見える映像」という意味である。目に見えないものは普通 **image** とは言わないのだ。もちろん英語にも **imagine** から生まれた名詞 **imagination** があるから、語源的に見て **image** に「想像」に近い意味があったことは想像に難くない。だが、実際には現時点ではほとんどの場合 **image** は「目に見えるもの」しか表さないという事実は、知っているべきである。では、日本人が「イメージ」と呼ぶものを英語では何というのだろうか。これも意外に思うかもしれないが、**picture** というのだ。**picture** というと最初に覚えた和訳「絵・写真」から「目に映るもの」だけをいうと思いがちだが、それは事実に反する。**picture** は頭に思い描いた想像や、考えといったものをも指すことのできる言葉なのである。

Point 3.　vary

　vary は「様々である」という意味の動詞だが、我々日本人にとっては、そういう意味の言葉が「動詞」だという事実が意外に感じられる。事実英語でも **vary** と同じ内容を〈**be**〉**variable** と表現することもあるくらいで、意味内容としてはたぶんに形容詞的である。これと同じような言葉に **differ** や **depend** があって、これもやはり **different**、**dependent** という形容詞の方が我々にとってはしっくりする。ちなみに **vary** の名詞形は **variety** だが、これも多少やっかいな意味を持つ。**vary** が「様々」という意味を持つから、その名詞である **variety** がその「様々に分かれたもの全体」を指すこともあるのだが、同じ **variety** が「様々に分かれたもののうちの1つ」を表す場合もあって、読む場合にはそれを区別していかなくてはならない。

Point 4.　context

　辞書には「文脈」という訳語が載っている。だが、それを覚えてこと足れりとしているようでは発展的な学習はおぼつかない。**context** は **con**＋**text** と分解できる。英単語はそれ自体で日本語の漢字の熟語に似たところがあって、部分ごとに分解して意味をとると分かりやすいことがある。**con** は「まとめる・集める」、**text** は「文書・言葉」である。そういえば日本語には「テキスト」という和製英語があり、「教科書」という意味に使われるのだが、英語の **text** にはそういう意味はない。英語では教科

書のことは textbook（文書の載っている本）という。話を元に戻すと context は con＋text であるから、「言葉の集まり・言葉のつながり」という程度の意味である。しかも、これが拡張されると、言葉以外でも、何かのつながりやまとまったものの関係を context と呼ぶことが出てくる。この本文でいう social context は「人と人とのつながり・関係」という程度の意味である。

5.【解法解説】

Point 1.　導入部のある内容一致問題の正しい解き方

　前問に引き続き、一種の内容一致問題を扱うが、選択肢の前に導入部分がついているという点で、通常の内容一致問題とはひと味違う亜種であるといえる。このような問題の場合、通常の内容一致問題と同じように選択肢をすべて検討してから本文にはいる、というやり方をすると、選択肢の量が多すぎたりしてうまくいかないことが多い。そこで、こういう問いの場合には、最初の導入(書き出し)部分だけをあらかじめ見てから本文に入り、本文で「導入部分」に該当する話が出てきたところで解答する、というやり方が賢い。後は通常の内容一致問題と同じように解いていくだけである。

　では、各論に入ろう。この問題では、答えがない場合があり得ることが示唆されているので、単純な消去法だけでは答えが出ない。正解になるものを推すだけの積極的理由を本文から見つけてこなくてはならない。

問 A

　書き出しに、Use of language involves とあって involves の目的語がないから、それを埋めるのが我々の仕事である。本文では第 5 文と第 10 文に繰り返し言われているように、言葉を使う際には「話す人にとって適切」であることと、「その場の状況にとって適切」であることの 2 つが求められる。そこで、解答には今挙げた両者がそろっているものを選べばよい。(1)は「人間」しか出てこないので不十分、(2)は「話す人にとって適切」しか出てこないので不十分、(3)は「状況」しか出てこないので不十分である。さて問題は(4)だ。the speaker は「話す人」だからよいとして、問題は social context。これは【構文解説】で説明したとおり、第 10 文に出てくる表現で、第 5 文の occasions and situations に当たる。つまり、「その場の状況」という意味になるわけで、するとこの選択肢には必要な両者がそろっていると言える。よって正解は(4)。

問 B

　この問いの書き出し People in certain societies might laugh at a man if he used

は本文第3文とほとんど同じである。したがって **if he used** に続くのは、本文の **if** 節（if he used language inappropriate to his sex）とほぼ同じものだと分かる。「性別に合わない言葉」というのだから、性別の話をしていないと困る。「性別」という基準で見て明らかにおかしいのは(2)(4)。これにはそもそも「性別」の問題が登場しない。残る2つのうち(3)には **women's clothes** とあって、無関係な「服」が出てくる。したがってこれは排除できる。(1)は問題なく「性別に合わない言葉」という意味である。正解は(1)。

問C

　refer to は「言葉」が主語になると「言葉」**refer to**「意味」で、「ある言葉の意味は…だ」という意味になる。つまり、「言葉」が主語の **refer to** は一種のイコール（＝）なのだ。すると本文最終文から導いてある（【構文解説】参照）**The totality of linguistic varieties＝verbal repertoire** がそのまま利用できる。つまり、**The totality of linguistic varieties** に一番近い表現を選択肢から選べばよい。(1)はよく似ているが **language** に当たる単語がないので不適切。(3)は **situations** という意味の異なる単語がいるので不適切。(4)には再び **language** に当たる表現がないので不適切である。残った(2)には全く同じことが書いてあるので、これが正解。

問D

　導入部分に「職場の人に話しかける場合」という場面が設定されている。この場面自体本文にはないのだが、「状況によって言葉を使い分ける」という一般論は示されているから、これと矛盾しないものがあれば正解となる。ところが、どの選択肢にも何らかの形で「同じ」という意味の表現が含まれていて（(1) **not different**、(2) **approximately the same**、(3) **nearly identical**、(4) **very similar**）、しかもその後ろには「職場以外の人間関係（(1) **family**、(2) **his wife**、(3) **school**、(4) **peers**）」が提示されている。これは本文の「状況によって使い分ける」とはすべて矛盾するので、すべて不正解となる。

問E

　導入部分をいい加減に読むと失敗する。まずこの文の構文を解読しよう。

which linguistic variety is…to be used on a…occasion will depend on (　　)

　見ての通り、動詞は **is…to be used**、**will depend on** の2つ（**is…to** は助動詞である。**is** をイコールに置き換えられないことからそれは明らかである）。したがって接続詞は1つで、文頭の **Which**。文頭にあるからといって疑問詞にしないように（そもそも文末に〈？〉マークがないのだから疑問文のはずはない）。**which** 節は名詞

節・形容詞節しか作らない（副詞節にならない）が、この **which** 節を形容詞節にしても前にかかる相手がいないのでうまくいかない。つまりこの **which** 節は名詞節で、主節 **will depend on** の主語だということになる。また、**which** の後ろは「不完全な文」のはずだが、**be used** が受け身で後ろに要素を持たないことを考慮すると、もし **linguistic variety** を **is to be used** の主語だと考えてしまうと **which** の後ろが完全な文になって都合が悪い。そこで、「what、which の後ろには、役割のない名詞がおける。その場合、その名詞は what、which と同格である」というルールを使ってあえて **linguistic variety** を「役割のない名詞」とする。

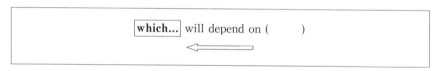

これで **which** 節が「どの言葉の種類が使われるか」になると分かった。もう一度全体の構成に戻ると

となっているのだから、「どの言葉の種類が使われるかが（　　　）によって決まる」となる。つまり、この問いが問いかけているのは、「使われる言葉の種類」を決めている要因は何か、である。本文によれば、「使われる言葉の種類」を決めている因子は「話す人」「その場の状況」の2つである。だが、だからといってその2つを探そうとする人はおっちょこちょいである。**which** 節の中をよく見ると **on a particular occasion** という表現がある。**particular** は「特定の」だから、実は **on a particular occasion** という言葉によって「状況がすでに特定されている」ことが示されている。理系の人向けに言えば、「使われる言葉の種類」（仮にZとしよう）は「話す人」（同じくXとする）と「状況」（同じくY）によって決まるのだから、一種の2元1次方程式になる。だが、このうちYに一定の数値が与えられている場合、Zの答えを決定するのはXだけになる道理である。つまり、「状況」が固定されてしまえば、後は「話す人」がすべてなのだ。そこで答えは「話す人」の出てくる(4)である。注意力のない人は意味ありげで内容のない(3)にはまってしまう。反省しなさい。

英語長文読解問題【解法研究】

早稲田大学理工学部

1997年度

4

問　題

次の英文を読み、下線および（　　）の部分につき答えなさい。

We all laughed when Ooota* told how the government sometimes provided housing for the Aborigines.* The people slept in the yard and used the house for storage. That brought up their (1) of a gift. According to the tribe, (2) a gift is only a gift when you give someone what the person wants. It is not a gift if you give what you want them to have. A gift has no attachment. It is given unconditionally. The persons receiving it have the right to do anything with the gift: use it, destroy it, give it away, (3). It is theirs without condition, and the giver (4) nothing in return. If it doesn't fit those conditions, it is not a gift. It should be classified as something else. I had to agree that government gifts and, unfortunately, most of what my society would consider a gift would be classified differently by these people. But, too, I could remember several people back home who give gifts constantly and aren't aware of (5) it. They give words of encouragement, share humorous incidents, offer others a shoulder to lean on, or are simply (6) unfailing friends.

The wisdom of these people was a (7) source of amazement to me. If only they were the world leaders, what a (8) there would be in our relationships!

*Ooota: our interpreter

*Aborigine: Australian natives

1. **The most appropriate word here is**
   a. abundance　b. definition　c. disregard　d. giving　e. habit
2. **a gift is only a gift means that a gift is**
   a. an expensive gift　b. an unacceptable gift　c. a worthless gift
   d. nothing but a gift　e. truly a gift
3. **The most appropriate word here is**
   a. anywhere　b. everywhere　c. moreover　d. whatever
   e. whenever
4. **The most appropriate word here is**
   a. expects　b. gives　c. loses　d. merits　e. overcomes

5. **it means**
   a. that Aborigines are our true friends
   b. that government gifts are not important
   c. that I would remember several people
   d. that they are giving gifts
   e. that they should be classified differently

6. **unfailing** means
   a. constant　　b. courageous　　c. generous　　d. successful
   e. valuable

7. **The most appropriate word here is**
   a. constant　　b. nutritious　　c. obligatory　　d. tasteful
   e. worthless

8. **The most appropriate word here is**
   a. danger　　b. difference　　c. misunderstanding　　d. wisdom
   e. word

1.【全　訳】

　政府が時にアボリジニに住宅を提供したときの様子を Ooota が話すと、我々は皆声を上げて笑った。彼によれば、そういう場合アボリジニは自分は庭に寝て、家を倉庫に使ったというのだ。そこから話は「贈り物とは何か」という話題になった。アボリジニに言わせれば、贈り物はもらう側が望むものを贈ったときにのみ贈り物といえるのだ。贈る側が相手に持たせたいと思うものを贈るのでは、それは贈り物とは言えない。贈り物はひもつきではなく、無条件で贈られるのでなくてはならない。贈り物をもらう側はもらったものをどうしようと勝手である。使おうが、壊そうが、捨ててしまおうが、何でもいいのだ。贈られたものは無条件にもらった人間のものであり、贈り手は何の見返りも期待しないものなのだ。こういう条件に合わない場合、それは贈り物ではない。それは何か別のものだと考えられるべきものだ。私としては、政府の贈り物、さらには、白人社会の考える贈り物のほとんどはアボリジニの目から見れば贈り物ではないのだということを認めざるを得なかった。だが、私の記憶では私の故郷にも、絶えず贈り物をくれていながら、そのことに気づいていない人たちがいた。彼らは励ましの言葉をかけてくれたり、面白い出来事をともに楽しんでくれたり、よろける人に肩を貸

してくれたり、あるいは単に常に変わらぬ友人でいてくれたりしたのだ。

　こういう人たちの知恵は、私には絶えざる驚嘆の種であった。もしこういう人が世界の指導者だったら、我々の関係もずっと違ったものになっていただろうに。

2.【解　答】

1＝b　2＝e　3＝d　4＝a　5＝d　6＝a　7＝a　8＝b

3.【構文解説】難易度：平易な構文だが、２つ以上の文を同時に見ることによって解けることがあることに注意

⑴ 第４文・第５文

> **Point 1.** 　１つの文だけで見ると only のかかる相手を誤解する危険がある

　第４文は一見易しそうに見えるが、実はかなり面倒な問題を抱えている。それは **only** をどこにつなげて訳すか、ということである。冠詞 **a** との位置関係からいって形容詞になれないこの **only** は副詞だが、副詞の **only** は、その位置が結構いい加減だという特徴を持っている。私もよく学生諸君から、「副詞の **only** はどこに置いたらいいか」という質問を、特に英作文に関して受けるのだが、実はその答えは「読む人が誤解しない範囲なら、どこに置いてもいい」といううまことにあっけない、ある意味では身も蓋もないものである。すでに前にも触れたことだが、英語の文法は文型に関わるものに関しては非常に厳密だが、**M** についてはきわめてアバウトな面を持っている。たとえば否定の **not** にしても、「自分より後ろしか否定しない」というルールがあるだけで、後ろのどこを否定するかは、「誤解のない範囲において」どこでもよいことになっている。こういうことを言うと、諸君は手がかりを失ったような気がして途方に暮れるらしいが、心配することはない。「誤解のない範囲において」という条件はかなり重要で、これを言いかえれば「どこに置いてもいいが、ちゃんと読者が誤解しない手がかりを与えておくこと」ということになる。

　これに絡んでよく話題になるのは、**not** が何を否定しているか分からないので意味が２通りにとれる、と称する文であろう。この件に関しては、辞書などを読んでも、どうも編者が根本的な誤解をしているか、あるいはひどい説明不足の状況に陥っているように思うので、あえて説明しておきたいと思う。

　この種の話題でよく問題になるのは、次のような例文であろう。

> She did not come home because it began to rain.

　確かに、単純にこの文を見ると、2通りの意味にとることができる。それは「雨が降り始めたので、彼女は帰宅しなかった」と「彼女が帰宅したのは雨が降り出したからではない」である。前者は **not** を単純に動詞 **come　home** にかけたもの、後者は **not …because…** という表現と考えて **because** 以下に書かれた理由を否定したものである。そして多くの文法書の場合、この例文とともに、次のような注意書きが添えられている。「このように、1つの文だけではどちらにもとれるものがあるので、前後の文脈を考えることが必要だ。」一見なるほどと思わせられる説明であるが、実はここには重大な誤謬が隠されている。つまり、はじめに挙げた例文は、もしそれが単独で使われるとすれば、意味が1つに確定できないという点で明らかに「誤文」ないしは「悪文」なのである。もし単独で書くに当たってほかの表記方法がないというなら、それでも仕方がない、ということになるが、実は、単独で書いてもどちらの意味であるかを明確にする方法があるのだ。具体的には、前者の意味にしたければ

> Because it began to rain, she did not come home.

とすればよい（**not** は自分より後ろしか否定しないので、**Because** 節が前にあればそれを否定してしまう心配はない）。一方後者の意味にしたければ

> She came home not because it began to rain.
> 　とか
> It was not because it began to rain that she came home.

とすればいいだけのことなのだ。そういう「よりよい表記方法」があるにもかかわらず、あえてそれを使わずに2つの意味にとりうる文を書いてしまうとすれば、その書き方自体が「下手だ」ということになる。
　もう一度断っておくが、はじめに挙げた例文が「悪文」なのはそれが「単独で使われた場合」である。最初に書いたように **not** の位置がどこでもいいのはあくまで「誤解のない範囲で」であって、はじめに挙げた例文が誤解を招いてしまう以上、これを単独で書くのは明らかに「誤り」なのである。
　だが、実際にははじめに挙げた文は文章中に登場することがある。それはなぜだろうか。その理由は少し考えてみれば明らかである。筆者がその表現でも「誤解のない範囲」に収まっていると考えているからに他ならない（ここでは、「書く人が下手で…」というような愚かしい可能性は考えないことにする）。考えてもみたまえ。どこの著者が、自分の伝えようとする内容を読者に分かりにくいように書こうとするとい

うのだろうか。自分が誤解されても何のメリットもないというのに。わざわざ読者を惑わせるような書き方は（特定の効果をねらっている場合を除けば）あり得ないのだ。では、どうして筆者はその表現でも「誤解がない」と思ったのだろうか。これまた簡単である。その文が「単独ではない」からなのだ。その通り、前後に文があるからなのだ。こういうと、「ほらやっぱり文脈じゃないか」と言い出す輩がいるが、常々言っているように、重要な手がかりを「文脈」というあいまいでつかみ所のない言葉で拡散させてしまうようなまねはしてはいけない。確かに、2文以上で構成される文章の場合、個々の文の中に文法的構造はあっても、文と文との間には、文型というような目立つ手がかりは少ないかもしれない。だが、筆者としてはその状況でも何とか読者に誤解されないように最大限の努力をしているはずなのだ。え？　話が抽象的で分かりにくいって？　よろしい。具体的にいこう。はじめに挙げた例文の場合、その文の前後（おそらくは前）に、「彼女が帰宅したかどうか」を明確に示す文が存在するのだ。それは、「文脈」というようなあいまいな形でなく、**She came home** か **She did not come home** といった具体的な「言葉」で書かれている。そういう前提があればこそ、筆者は「単独では誤解されかねない表現」をあえて使っているのである。はじめに言った、辞書や参考書の記述が「誤解」ないしは「説明不足」だと言ったのはまさにその点である。そういう説明を読んだ学生は英語には「言葉で明確に説明できない場合」が存在すると思いこみ、それを抽象的な「読解力」で解決しようと考える。何度も言うことだが、こういう考え方は不効率で、学生の能力を生かし、高めるという目的にとってむしろ有害である。そうではないのだ。すべての英文は「分かる」ように書いてある。単独であっても「分かる」書き方はあるのだ。それをあえて一見あいまいに見える書き方をするのは、前後によほど「明確な手がかり」があるからなのだ。その手がかりとは、具体的な「言葉」である。決して言外ににおわせているわけでも特殊な「読解力」を利用して読みとるべきものでもないのだ。

　さて、話を本題に戻そう。本文第4文の **only** はいったいどこにつなげて意味をとればいいのだろうか。敏感な諸君ほど気づいているはずだが、もちろん、この文だけでは決めようがないのだ。では、なぜ筆者はわざわざそんなあいまいな書き方をしたのだろう。もちろん、ほかの文を手がかりにして読めば分かるようにしてあるからなのだ。先ほど、2つ以上の文にわたる文法構造は一般的でないといったが、実は、2つ以上の文にわたって利用される文法事項として有名なものが1つある。それは「同じ形の反復」である。もちろん筆者がニワトリ並みの記憶力しかなく、自分が直前に書いた文のことをすっかり忘れてしまって適当に書いた文が偶然同じ形になるなどという可能性を想定する能天気な人はいないだろう。文章中に「同じ形」をした2つ以

上の文がある場合、筆者は明らかにそれを意識的に行っているのである。

そこで、ここでも、そういう文はないかと探してみる。すると直後の第5文が、きわめてよく似た形で書かれていることに気づくはずだ。

---

a gift is only a gift 　$\boxed{\text{when}\cdots\langle\text{A}\rangle\cdots}$ 　（第4文）
It is not a gift 　$\boxed{\text{if}\cdots\langle\text{B}\rangle\cdots}$ 　（第5文）

ここで、仮に第4文の **when** 節の内容を〈A〉、第5文の **if** 節の内容を〈B〉とおくことにする。この状態でしばらく **only** のことを忘れて2つの文を見比べてみよう。するとそれぞれ条件節が設定され、〈A〉の場合は **gift** は **gift** だが、〈B〉の場合は **gift** ではない、といっていることが分かる。この意味の関係を冒さないように **only** を置くとすればどこにかけるのかはもう明らかなはずだ。**only** は **when** 節にかけるのである。そうすれば「**gift** が **gift** なのは〈A〉の場合だけで、〈B〉の場合は **gift** ではない」となる。つまり、〈A〉という条件を満たした場合だけが「贈り物」だというのだから、筆者が強調しているのは条件〈A〉であり、これを満たせば **gift** は「本物の」**gift** だと言える、と理解できる。

ついでに、条件〈A〉と〈B〉の内容を見てみよう。はじめの段階で分かっていることは結論が逆になる条件だから、〈A〉と〈B〉の内容は逆になっているはずだということだ。

〈A〉＝you give someone what the person wants.

ここで **you** とは誰だろうか。「一般の人」などという間抜けな答えをしないように。**you** は **give** の主語なのだから、**you**＝「贈る側」である。一方 **someone** は **give** の目的語だから **someone**＝「もらう側」となる。では **what** 節中の **the person** とは誰か。もちろん、**the** がついているのだから「すでに出ている」人物だが、**the person** は三人称なので、二人称である **you** を受けているとは考えられない。つまり **what the person wants** は「もらう側がほしいもの」である。第4文では「贈り物が贈り物といえるのはもらう側がほしいものを贈った場合だけ」と言っているのだ。

〈B〉＝you give what you want them to have.

---

you は相変わらず「贈る側」である。**what** 節の **want** は〈**SVOC**〉文型であり、**them** は **to have** の主語に当たることから、**them** は「もらう側」を指している。本

当は前の **the person** が単数形なので **him** にすべきところだが、この種の誤りは実際の英文にはよく見られる。特に **someone**、**somebody** を受けているときなど、今では **they** で示す方が一般的なくらいである。**what** 節の意味は「贈り手がもらう側に持ってもらいたいもの」となる。〈B〉の場合は贈り物にならないのだから、結果的に「贈り手が望む（期待する）」のはダメだ、と言っていることになる。

(2) 第 12 文

[**Point 2.**]　節だろうと単語だろうと扱いは同じ

I had to agree | **that** | government gifts and, unfortunately, most of | **what** | my society would consider a gift would be classified differently by these people.

　見ての通り、動詞は 3 つで接続詞は 2 つ。主節は **had to agree**、**that** 節中心の動詞は **would be classified** であることに注意。この文で問題となるのは **what** 節の扱いだろうか。まず、**what** 節中の動詞 **consider** には〈**SVO**〉〈**SVOC**〉2 つの文型があることに注意する。そこで、**consider** 直後の **a gift** を **consider** の **C** であると仮定して節の範囲をまとめよう。すると

I had to agree | **that** | government gifts and, unfortunately, most of | **what···** | would be classified differently by these people.

　という形に見えてくる。もちろん **what** 節は名詞節なので、**of** の目的語になっているが、**most of···** で「···のほとんど」となるのだから、これ全体で名詞と考える。そう、たとえ節を含んでいようと、名詞は名詞なのだ。すると直前の **and** によって前の名詞 **government gifts** と **most of** | **what···** | が並んでいると分かる。

government gifts
and   ⎫ would be classified differently by these people.
most of | **what···** | ⎭

　これで、**that** 節の意味が「政府の贈り物と | **what···** | のほとんどがこの人たちの目には贈り物には見えないのだ」であると分かる（**be classified** という形が第 10 文と同じであることを利用して、**differently**＝**as something else** と考えると分かりやす

い）。

　what 節の内容はそう難しくはない。ただ、文型をうまく利用すると what の訳が分かりやすくなる。

---

what our society would consider a gift.

---

　what の後ろは不完全だから、**consider** の後には **O** が抜けていると判断する。当然 **a gift** は **C** である。すると、**what** の後ろが不完全なのは、後ろにあった名詞が **what** になって前に行ってしまったためなので、この文の場合、**consider** の目的語＝**what** だという結論に達する。

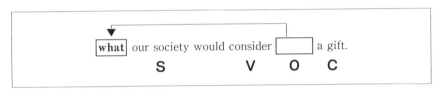

　すると **what** と **a gift** の間には **S → P** の関係があることから、**what＝a gift**、つまり **what** は「贈り物」と訳すとよい。

(3) 第 13 文

Point 3. 「同じ形の反復」によって代名詞の意味を確定する

I could remember several people back home

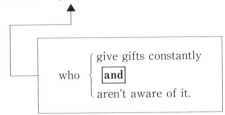

　構文自体は上に示したとおり。等位接続詞 **and** でつながっているのは **give** と **aren't**（**aren't** を **could remember** と並べると主語の **I** が **are** と合わない）。すると、**it** の指すものは **give gifts constantly** の一部ないしは全部ということになる。『英文読解 100 の原則』でも語ったと思うが、代名詞の意味はルールに則って決めることが大切。特に「同じ形の反復」の 2 回目の中にある代名詞は 1 回目の中にある名詞、あ

るいはその内容しか受けないという決まりがある。**give gifts constantly** には **it** で表せる単数名詞がないので、**it** は **give gifts constantly** 全体を受けていると考える。

(4) 最終文

Point 4.　動詞と接続詞の関係、および仮定法で書いてあることに注意

　空所があいているので完全な和訳をつけるのは難しいが、空所にはいるのは（どの選択肢を選んでも）名詞なので、構文読解だけは済ませておく。

If only they <u>were</u> the world leaders, what a (　8　) there <u>would be</u> in our relationships !

　動詞は2つなので接続詞は1つだけ。**If** は接続詞以外に使いようがないのでこれを接続詞とする。この時点で **what** は接続詞でないと分かる。かといって文末に？マークがないので **what** を疑問詞とすることもできない。一瞬とまどうが、**what** と **how** に関してだけ使える第三の可能性があるのだ。それが「感嘆文」である。そのルールに従おう。前に接続詞のない動詞は **would　be** の方だから、こちらが主節。**what** による感嘆文は名詞を1つ前に連れて行くので、**what** に続く **a (　　)** が主節 **there would be** の主語。「(　　　) があるだろう」が主節の意味の骨格になる。主節の前にある **if** 節は当然副詞節で「条件」。それも主節に **would** があることから「仮定法」である。ちなみに、「仮定法」では条件も結論も「非現実」である。「非現実」とは現実でないことであり、言いかえれば現実とは「違う」ということだ。それがどうしたって？　まぁ、後で分かるよ。

4.【重要語彙の意味】

Point 1.　definition

「定義」と訳す単語である。この語で問題なのは、英語の意味ではなく、諸君が果たして「定義」という言葉の意味をちゃんと知っているのか、ということである。「定義」とは「義を定める」こと、すなわち、「意味を決める」ことである。それはたとえば「犬は忠実な動物だ」とか「どらやきはお菓子だ」とか、「羽を伸ばす、とはのんびりくつろぐことだ」とかいった形で、言葉の意味を説明することなのだ。今3つほど例を挙げたが、この3つに共通の性質は何だろうか。もちろん「**A** は **B** だ」、さらに簡略化すると「**A＝B**」という表現になっていることである。つまり「定義」と

は「**A＝B**」という形で言葉の意味を説明することなのである。

Point 2.　**condition**

　この単語には意味が２つある。「状況」と「条件」である。ここで大切なのは、２つの意味がいつでも同時に諸君の頭に浮かんでくることなのである。諸君の中には、２つ以上の意味を持つ単語なのに、いつの間にかそのうちの１つだけをつい思い浮かべる癖を身につけてしまう人がいる。それは一種の **bias**（偏り）である。最初から偏った見方をしていたのでは、偶然それが一致すればいいが、はずれたときは必ず間違うことになる。重要な意味を２つ以上持っている言葉は、常に両方が頭の中にあるように心がけよう。

5.【解法解説】

Point 1.　客観問題解法の総整理―もっともらしい嘘を見抜くには？

　これまでいろいろな客観問題（選択肢が用意されており、その中から解答を選ぶタイプの問題）の解法を解説してきたが、ここでは、それぞれの出題内容（下線部の意味を問う・内容に一致するかどうかを問う・空所を補充させる etc.）の違いをひとまず措いて、「客観問題」である、すなわちあらかじめ出題者が選択肢を用意している、という性質にこだわって考えてみよう。

　入試問題というもの自体、解答は一意に決まる（そうならない問題もまれにあるようだが、それは単に問題が「駄作」なだけである）という点で、すべて「客観」問題であるといえる。だが、いわゆる選択肢を利用した「客観問題」は、解答を自分で思いつかなくてもよい、という点がほかの問題とは大きく異なっている。つまり、正解は「必ず選択肢の中にある」のだ。

　このような形式は、当然解答する側にとってとりつきやすいという面を持つ一方、その裏返しとして問題が易しくなりすぎてしまう、という難点を持つ。そこで、出題する側としては、正解の選択肢を巧みな誤答の中に隠す必要がある。妙な話だが、客観問題を作問する上で鍵を握るのは「いかに誤答を作るか」なのである。あまりにもばかばかしい誤答ばかりが並んでいたのでは、学力の全くない学生でもたやすく正解が選べてしまう。かといって、正解とあまりにも近い選択肢を並べれば、どちらも正解になってしまう危険がつきまとう。勢い、客観問題を作る大学教授は、平然ともっともらしい嘘をつける厚顔無恥な人間である必要が生じる。言ってみれば、客観問題は「世界嘘つきコンテスト」のようなものだ（この点で日本一優れているのは、間違いなく東大の教授たちである。彼らほど平然と巧みな嘘をつく人間は、そうそういる

ものではない)。

　だが、ここで問題となるのは選択肢における「もっともらしい嘘」とは何だろうかということである。一般的にいって「もっともらしい嘘」は次の2つの要件を満たしていなくてはならない。まず第一に、何せ「嘘」なのだから、「真実とは食い違う」ところを持っていること。第二に、「もっともらし」くなくてはならないのだから、「いかにも本当らしく見える」こと。入学試験の客観問題における誤答も、すべてこの2つの性質を持っている。もちろん、選択肢を5つ用意する場合、正解以外の4つの選択肢がすべて「もっともらしい嘘」である必要はない。「嘘」であることは絶対に必要だが、その「もっともらしさ」には程度の差を付けることが可能である。だから諸君が客観問題の正解を決めることができなくて苦しむ場合、たいてい「2つのどちらか」で迷うのだ。出題する側としては、「正解に近く見える誤り」を1つ用意すればいいのだ。その他ははじめから間違っているように見えるものであっても、問題の難易度はあまり変わらないからである。だいたい、人間そうそういくつももっともらしい嘘を思いつくものではない。いや、人によっては思いつくかもしれないが、そういう人は大学教授などという割に合わない商売にははなから就いていないので安心してよい。

　では、出題者はどのようにして「もっともらしい嘘」をつくのだろうか。第一に、先ほども言ったように「嘘」なのだから、「明らかに事実と食い違う」面を持たせなくてはならない。そして英語の客観問題の場合、もっともよく使われる「事実との食い違い」は「文法的判断の誤り」である。たとえばある単語の品詞を取り違えている場合、当然意味がおかしなことになる。そこで出題者はあらかじめ先回りをして、そういう間違いをする、つまり文法的判断力がちゃんと備わっていない学生が思いつきそうなことを「誤答」として選択肢の中に用意しておく。もう1つの「事実との食い違い」の代表選手は「文章に書かれていないこと」である。「書かれていない」ことは書かれていないがゆえに「嘘」なのだが、いわゆる「勝手な思いこみ」で文章を読むタイプの学生は、ありもしないことをあると思いこんだり、その文章を読んで「自分が思ったこと」が文章に書かれていると誤解しやすい（たとえば、富田が衛星放送の授業で、「ねぇ田舎のみなさん。マクドナルドって知ってる？」と言ったとする。それに対して、「富田は田舎を馬鹿にしている」と言い出す手合いがいるが、そういうのが「思いこみの激しい人」の代表例である。富田はただ「マクドナルドを知っているか」という質問をしただけである。田舎のことなど知らないので、そういうところにもあるのかなぁと思ったにすぎない）ので、そういう人が思いこみそうなことを「誤答」として用意しておく。

　これまでの説明を読めば、出題者がどのようにして「もっともらしさ」を演出する

かはおおむね分かってきたはずだ。つまり出題者は、あらかじめ「できの悪い学生」がやりそうな間違いを読んで、それを選択肢として用意しているのだ。客観問題において諸君はお釈迦様の手のひらの上の孫悟空のようなものである。敵はすべてお見通しなのだ。

　もう１つ、出題者が別の角度から演出する「もっともらしさ」がある。それは、選択肢に諸君の知らない単語を提示することである。「知らない」ものを突きつけられたときに冷静な判断力を維持できるかどうかは、その人がどのような頭脳を持っているかを示す一番分かりやすい指標であると言ってよい。「知らない」コンプレックスの強い人（自分はものを知らないという負い目を持っていて、そのことを人に知られるのを恥ずかしく思うタイプの人）ほど、このような場合に冷静さを失って馬鹿なことをしてしまう。だが、たとえば選択肢の中で「知らない」ものが１つだけであるような場合、残りのすべての選択肢が間違いであると証明されればその選択肢が正解であり、ほかに明らかに正解があればその選択肢は考慮する必要がないだけのことなのだ。要は、解答するのに臨機応変な態度が必要なだけである。もちろん、出題者の罠にはまらないように「文法に依拠した正確な読解」と「書いてある事実だけを見る目」は必要であるが、それに加えて「積極的に正解を追いつめる態度」と「誤答を排除して結果的に正解をあぶり出す態度」を絶えず使い分け、より合理的な方法で解答を求めていけばいいだけである。

　では具体的にこの問題の問いを見てみよう。早稲田の教授にも、相当人の悪い手合いが集まっているらしい。

問1

　まずは **bring up** を利用して（第3文）のこの文章における位置づけをはっきりさせる。そのためにはまず **bring up** に関する正確な理解が必要だ。**bring up** と言えば、「育てる」という意味が有名だが、もう１つ「（ある話題を）持ち出す・取り上げる」がある。第1文で **Ooota** という人物の話にみんなが沸いている場面が提示されているのだから、ここではこの **Ooota** が話を続けていると考えるべきだ。そこで、（第3文）では、「そこから次の話題が始まった」と話を継いでいるのであって、何かを育てていると考えるのはナンセンスである。その「次の話題」が the （　　）of a **gift** なのだが、何しろ「次の」話題なので、まだこの時点では解答できるはずがない。つまりこの時点で選択肢をあれこれ当てはめておろおろする人は、最初からこの問題に相手にされていないのである。そこで、当然次を見る。すると（第4・5文）では、注文通り **a gift** に関する話題が展開されている。しかも（第4文）には **a gift is … a gift**、（第5文）には **It is not a gift** と、ともに〈**be**〉動詞を使ったイコール

（＝）が提示されている。つまり「**a gift**＝××」が繰り返されるのである（一方は否定文だが）。【重要語彙の意味】で語ったように、ある言葉の意味を「その言葉＝××」という形で説明することを「定義」という。したがって正解は「**b. definition**」である。ほかの選択肢はただの見せ玉で、紛らわしいものさえ用意していない。もちろん、こういう明確な読解ができない人は、単純に **a gift** があるというだけで **giving** を選んだり、第5文の否定だけに反応して **disregard** を選んだりするが、それはただ「手がかりが見つからなかったがゆえのあがき」にすぎない。もっとひどいのは **habit** を選ぶことで、こういう人は自分の頭の中で「贈り物を贈るってのは、習慣だよな。そうに違いない、うん」などと一人納得しているだけなのだ。そんなことは筆者は一度も言っていないというのに。

問2

　これは下線部の引き方自体が「だまし絵」になっている。どうも諸君は下線が引かれると「線の引いてあるところ」だけを使ってどうにかしようとする傾向があるようだ。だが、実はそういう思いこみ自体が危険なのである。【構文解説】ですでに説明したとおり、この下線部にある **only** は下線の外にある **when** 節にかかっており、「その場合だけ、贈り物は贈り物といえる」と言っているのだ。すると、ある条件の下で「贈り物が贈り物になる」ということは、その条件が満たされてはじめて「本当に」贈り物だと言えるのだという意味と同値である。そこで「正解は e」である。誤答を眺めると、**only** を下線部内だけで処理しようとした場合にはまってしまいそうな間違いがうようよ書いてある。

問3

　ここは、**colon**（：）という記号の働きを知っているかどうかを問いかけている。該当箇所を見てみよう。

　　… do anything with the gift: use it, destroy it, give it away, （　3　）.

　すでに別の章の【重要語彙の意味】で学習したように、英語における記号（**punctuation marks**）は読解に関わる重要な存在である。中でも colon は後ろが前の（あいまいな）内容を説明・具体化するという働きがあることは覚えているはずだ。そもそもこの文の colon 以前であいまいなのは **do anything**、中でも **any** である。肯定の **any** は「どんな…でも」だが、「何をしてもいい」といっても、それ自体中身がないので、具体的に何のことだか分からない。そこで、colon の後ろでは **use it**…という「動詞」を使って **do anything** の内容説明をしている。だが、本来 **do anything** は「どんなことをもする」だから、3つほど例を挙げたからといって、それで全部と

いうわけにはいかない。やはり **anything** であるという確認が必要になる。つまり最後の空所にはいるのは **anything** と文法上・意味上同値のものということになる。つまり① **any** に当たる意味を含んでおり、② **thing** と同じように名詞である必要がある。選択肢を見ると c は①に該当せず、a. b. e. は②に該当しない。よって正解は残る「d. **whatever**」である。

問 4

 the giver をほかの箇所でどう呼んでいるかが実は重要である。**the giver** はもちろん「贈り主」であるが、この文章中では（第 4・5 文）に **you** という「贈り主」が登場する。つまり the giver＝you が成り立つのだ。しかも第 5 文によれば「**you** が…望んだ場合、贈り物は贈り物ではない」とあるので、「贈り手が何かを望むこと」はすでによくないことと定義されている。しかも空所の後ろには **in return** 「引き替えに・見返りに」という言葉があり、空所に入る動詞の目的語が **nothing** なので動詞の意味は結果的に否定される。つまりここに **expects** を入れれば「贈り手は引き替えに何も期待しない」で語り手のいう「贈り物の必要条件」を正確に映していることになる。したがって正解は a. **expects**。たとえ同じ解答に達した場合でも、「たぶんこれが一番意味が通るから」などというのは根拠とは言わない。「根拠」とは常に客観的なもの、つまり英語の試験の場合には、「本文に記述があるもの」に限るのである。

問 5

 解答の仕方についてはすでに【構文解説】に提示してある。等位接続詞の性質と、それによって代名詞の意味が決まるというルールを知っているものには、赤子の手をパワーレンチでひねるような問題である。できない方がどうかしているとしか言いようがない。だが、翻って天下のワセダ大学が、このような入試問題を平然と作れるということは、そういう基本的なルールさえ知らずに英文を読んでいる（つもりになっている）学生がいかに多いか、ということである。

問 6

 解答の手がかりはすべて「書かれていること」である。このことを忘れないように。下線部のところでは **They** という人物が話題になっているが、これが直前の文にある **several people** であることは明らかである。そして、問題は、この **people** について、筆者は何と言っているかなのである。実は筆者がこの人物についてしている説明は **several people who give gifts constantly and aren't aware of it** という部分にある **who** 節だけなのだ。これ以外、筆者は何もこの人物について語っていない。つまりこの人物に関して問われた問題に答える際、我々に与えられた手がかりはこの **who** 節に書かれた内容「**constant** に贈り物をくれ、しかもそのことを自覚していな

い」だけなのだ。すると 6 の解答は、下線を引いた単語が **unfailing** であるということとは無関係に、「a. constant」以外あり得ないことになる。何しろ他の選択肢に示された性質は、どれ 1 つとして筆者が提示していないことだからである。こういうと、「他で提示していない性質をここで提示することはないのですか」という質問をしたい諸君もいることだろう。確かに、実際の文章ではそういうことは大いにあり得る。だが、入試問題という枠の中では、他の場所で提示されていない内容を問うのはルール違反なのである。それでは「客観的に」問題を解くことができなくなるからだ。したがって「他で全く触れていないことを下線部や空所でいう」という可能性は、最初から排除してかまわない。

問 7

問題としては 6 と全く同じ。**these people** について本文に語られている内容は、先に提示した **who** 節だけであり、その中に書かれていることに該当するのは「a. constant」しかない。ただ、同じ問題を 2 題出すこと自体が「出題者の意地悪」である。学生諸君の中には、妙に政治的判断に長けている人がいて、「同じことが 2 つ続けて解答になることはないだろう」などと考えてしまったりするのだが、そういう「本質的でないこと」にばかり目が行くこざかしい人を出題者はいたぶろうとしているらしい。早大雄弁会出身の政治家たちが、どれもこれも小者ばかりなのに大学はいらだっているのかもしれない、とこれは勝手な空想だけどね。

この問題で出題者はもう 1 つ「遊び」をやっている。それは選択肢に **obligatory** を入れてあることである。これも、意味を知らないとパニックになってしまう学生をからかうための選択肢だ。何しろ、空所の前にある冠詞は **a** であって **an** ではないのだから、先頭に母音が来る単語がこの空所にはいるはずはない。冷静になりなさいよ、と大学は諭しているのかもしれない。

問 8

空所のあいているのが最後の文であるというあたりが「憎い」。なぜか諸君は最後に筆者はまとめをいうと信じていて、しかも結論は必ず「プラス・イメージ（よい意味）」か「マイナス・イメージ（悪い意味）」かのどちらかになると思いこんでいるらしい。そういう人は、**several people** 以降に書かれた「よい人たち」に目が行きすぎ、「そういう人が世界の指導者だったら」という条件に導かれて空所には「よい意味」の言葉が入るんだ、選択肢の中にある「よい意味」を持つ単語は **wisdom** だからそれが正解だ、などと決めてしまうらしい。そういう人たちには、「文章の最後」だとか「よい意味・悪い意味」だとかいったあいまいなことを考えて空中戦に散る前に、まずは足下（つまり文の文法的成り立ち）を見なさい、といってやりたい。

この空所を含む文は「仮定法」で書かれていることは【構文解説】でも指摘したと

おり。

「仮定法」は「非現実」つまり「現実ではないこと」を示している。言いかえれば、「現実とは食い違うこと」が必ず書かれているのが仮定法なのだ。もうこれで分かっただろうか。条件節で「仮定法」を使い「もし…ならば」という場合、「実際には…ではない」のだから、現実とは「違う」結論が出る。つまり仮定法の結論には、どんなものであれ「現実とは違うだろう」という予測が示されることになる。たとえば、「もっと英語ができれば、すらすら英文が読めるのに」というのは、今現実には「英文がすらすら読めない」ことを前提としているのだから、仮定法の文の結論である「英文がすらすら読める」は「現実とは違う」結論である。そのような仮定法の基本認識があれば、「違う」を示す単語が仮定法の結論にはもっともふさわしいと分かる。解答は、いうまでもなく「b. **difference**」となる。

9

英語長文読解問題【解法研究】

青山学院大学法学部

1999年度

| 問　題 |

次の英文を読みその要旨を 80 字以内の日本語で書きなさい。

In connection with Book Reading Week, I was sent a questionnaire by the senior high school I attended asking what book I had read in my high school days.

This set me thinking: though the young people of today were often criticized for not reading books, was it really so important to read them?

Probably very few people tell youngsters who don't listen to music that they should listen to music more, and I haven't come across many who tell people uninterested in sports to take up sports.

Reading books is treated as a special case. No doubt one acquires culture and becomes very knowledgeable. It may make one think about life. But that's all. One of my friends is an eager book reader. When his opinion is asked, he immediately quotes from a book he has recently read or cites the words of a certain author, but if you were to ask whether in this way he succeeded in convincing those listening or in winning their respect the answer would be no. All he ever got was a cold question as to what he himself thought.

If a person has time to read dozens of romances, he or she would stand more to gain as a human being actually falling in love with a flesh-and-blood person.

What I have written thus far is an extreme argument, of course. In the final analysis, reading is merely an asset of indeterminate value in life. It is something for people like myself for instance who are crazy about reading books just as some people are crazy about rock music, soccer and computer games.

Incidentally, I wrote "The Story of Doctor Manbo's Youth" for the questionnaire and sent it back.

(注) a questionnaire: a piece of paper showing a set of questions to be answered.

1.【全　訳】

　　読書週間との関係で、私がかつて通っていた学校から高校時代にどのような本を読んでいたかを尋ねるアンケートが送られてきた。

　　それを見て、私は考え込んでしまった。最近の若者は本を読まないとよく批判されるが、果たして本を読むことはそれほど重要なことなのだろうか。

　　おそらく若い人が音楽を聴かなくても、音楽を聴くべきだと説教されることは少ないだろうし、スポーツに興味がない人にスポーツをやりなさいと説教を垂れる人にもあまり出会ったことはない。

　　読書は特別扱いなのだ。確かに、本を読めば教養もつくし物知りにもなれる。人生について考えるきっかけにもなるだろう。だが、それだけのことだ。私の友人にいわゆる読書きちがいがいるが、その人物は自分の意見を問われると、最近読んだ本の一節を引用して人の考えの受け売りはするものの、このようなやり方で聞いている人を説得し、その尊敬を勝ち得ることができるかといえば、答えはNo である。そんなことをしても、「結局おまえはどう思っているのだ」と冷たく問い返されるのがオチなのだ。

　　恋愛小説を読む暇があるのなら、実際に生身の人間と恋に落ちた方が、人間としてはより多く得るものがあるだろう。もちろん、私がここまで書いてきたことは極論である。

　　極言すれば、しょせん、読書をしても生きていく上で価値があるかどうかは分からないのだ。読書はたとえば私のように読むことが大好きな人間にとってはそれなりのものだが、私が読書が好きだというのは、ちょうどロックミュージックやサッカーやコンピューターゲームが好きだというのと同じことである。

　　結局私はふと思いついて『どくとるマンボウ青春記』とアンケートに書き、それを返送した。

2.【解　答】

　　様々な行動のうち、読書だけに特別な意味を与えて若者に強要するのには賛成できない。読書も他の行動と同じく、好きな人以外にとってはさほど価値のある行動ではないのだ。

3.【構文解説】難易度：標準的

(1) 第1段落第1文

Point 1. M を上手に利用する

In connection with Book Reading Week, I was sent a questionnaire by the senior high school I attended asking what book I had read in my high school days.

　動詞は見ての通り 3 つで接続詞は 2 つ必要。**what** しか見あたらないので関係代名詞の省略に当たってみる。すると **school I** と名詞が並ぶところがあり、動詞 **attend** には他動詞があって（自動詞もあって意味が違うが、ここではそれをとらない）その目的語がないといえるから、**I** の前に関係代名詞が省略されていると分かる。これで主節は **was sent** によって作られていると分かった。

In connection with Book Reading Week,

　I was sent a questionnaire by the senior high school (which) I attended
　　S　**V**　　　**O**

　　　　　asking what book I had read in my high school days.

　主節の文型は **SVO** (send には〈**SVOO**〉文型があるので、受け身になっても **O** を 1 つとる）。これで「私のところにアンケートが送られてきた」となる。だが、問題はこれだけではその「アンケート」が「どこからきた」のか、「どのような内容」なのか、が判然としない。このように **M** の解読にはいる前にまず主節の情報で何が足りないのかを確認しておくと、つまらない間違いにはまらずにすむ。

　アンケートがどこから来たかは、直後の **M** (**by the senior high school I attended**) で分かるが、ここまででではアンケートの「内容」つまり「何が聞きたいのか」が書かれていない。そこで、その後ろにある **asking**… 以下の部分を **a questionaire** にかける形容詞と考えることになる。

In connection with Book Reading Week,

I <u>was sent</u> a questionnaire by the senior high school 「(which) **I attended**」
 S　 　V　　　　　　O ▲

────asking 「**what book I had read in my high school days**」.

　このような技術は本書で何度も語ってきたことだから、もう今更言うまでもないだろう。基本となる考え方は常に「**M**＝説明」である。

⑵ 第2段落第1文

Point 2.　疑問文が果たして疑問の意味なのかどうかをよく読む

　まずは **colon** の前から。この部分は **set** の〈**SVOC**〉文型で書かれていることに一目で気づかなくてはならない。これは **set** に関する知識ではなく、**SVOC** の **O** と **C** の間にある関係と、**thinking** の意味上の主語であるべきものを考えるだけである。**think** は「考える」であるから、その意味上の主語は当然「人間」であるが、この文中に存在する唯一の人間は **me** であるから、これが **thinking** の意味上の主語であることは明らかである。すると、この文では動詞 **set** の後に **S** → **P** の関係があることが分かる。一般に動詞の後ろに **S** → **P** の関係を持つものが〈**SVOC**〉文型なのだから、この **set** は〈**SVOC**〉に該当すると考える他はない。後は、**set** に「言う・思う・感じる」という意味がないことから、因果関係を示す〈**SVOC**〉と考えるだけである。

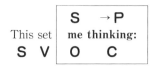

```
                    S  → P
        This set  me thinking:
          S   V    O    C

          原因  ⟹   結果
```

　これを日本語に訳せば、「このせいで私は考え込んでしまった」くらいになろう。ただ、ここで問題なのは、果たして「私」が「何を」考えたのかが分からないということである。**colon** の後ろには、前で分からないことが書いてあるのだから、当然この場合「私の考えの内容」があると判断できる。

「**though**」the young people of today <u>were often criticized</u> for not reading books, was it really so important to read them?

　この部分は文法的にはほとんど問題がないはずだ。動詞は2つで接続詞は1つであり、主節は **was** という動詞で実現されている。**though** 節は副詞節しか作らないので当然副詞節、しかも先頭の副詞は主節の動詞へかかるので、**though** 節全体は主節へと「逆接」でつながっていく。しかも主節は疑問文で「読書はそれほど重要なのだろうか」である。

　ではこんなに簡単な文なのに、なぜこうして説明しようとしているのだろうか。それは、この文の主節は本当に疑問文か、という問題があるからだ。

　このようなことをここで考えるのは、主節に **though** 節がかかっているからである。そのあたりのいきさつを、順を追って説明しよう。まず主節の疑問文はすでに書いたように「読書はそれほど重要か」であり、これを疑問文とすると、考えられる解答は「重要だ」「重要でない」のどちらかである（「どちらでもない」という解もないではないが、それではこの疑問文を書いた意味がなくなってしまう）。本来疑問文は、「疑問」なのだから、その答えは疑問文を見ただけではどちらとも決められないはずなのだが、この文では **though** 節の内容を読みさえすれば、どちらが解答なのかは分かってしまうのだ。

　though 節の内容は「若者は読書をしないことで批判されることが多い（長々と構文解説をする気はないが、この部分を読みとる鍵は **for** にある。この **for** は「交換」を表している。「批判される」とは一種の罰を受けることであるが、人は何も罪を犯していないのに、罰を受けるはずはない。罰を受けるからには、それと引き替えになる罪を犯しているのだ。罪と罰はそのような「交換」の関係にあるから、交換の **for** を使って表しているのである）」である。つまり、**though** 節には「読書をしないこと」＝「いけないこと」という定義が含まれているといっていい。これは裏返せば「読書すること」＝「よいこと・重要なこと」になる。すると主節は **though** 節と「逆接」でつながっているのだから、当然主節では「読書すること」≠「重要なこと」にならなくてはならない。つまり筆者は表面上は「読書は重要なことなのだろうか」と問いかけるふりをしていながら、その実「読書は重要なことではない」と主張していることになる。このように、疑問文の形式を使って反対の主張を展開してあるものを「反語」という。

(3) 第3段落第1文

Point 3. 間にはさまっている **M** に読解を妨げられないようにする

前半と後半にわけて考えよう。まずは前半から。

Probably very few people <u>tell</u> youngsters 　who　 <u>don't listen</u> to music 　that　 they <u>should listen</u> to music more.

見ての通り動詞は 3 つで接続詞は 2 つである。主節以外の節を括弧にくくってしまうとこの文の全体像は次のように見渡せる。

---

very few people <u>tell</u> youngsters 　who…　 　that…　,

この状態で全体を見渡しながら主節の動詞 **tell** の文型を考えていく。すると次のような構造が見えてくる。

---

very few people <u>tell</u> youngsters 　who…　 　that…　,
　　　　　S　　　　**V**　　　**O**　　　　**M**　　　　**O₂**

---

tell には 〈**SVOO**〉 文型があり、その場合 **O₂** は that 節のことがとても多い。そこで、間に入った **who** 節を **M** と考えて **youngsters** にかけ、後ろの **that** 節を目的語と見れば意味がとれる。

次に後半だが、同じような構造がここにもある。

I <u>haven't come across</u> many 　who　 <u>tell</u> people uninterested in sports to take up sports.

動詞は 2 つで接続詞は 1 つ。主節の動詞 **come across** は 〈**SVO**〉 文型をとるので **many**＝**O**（数量を示す形容詞はそのまま名詞に使える、というルールを利用）、**who** 節は **M** で **many** にかかるため **many**＝「多くの人」だと分かる。そこまでは、よろしいか。

問題になるのは **who** 節の中である。単純に前から順を追わず、全体を見渡す形でこの部分を見てみよう。すると **tell** には 〈**SVOC**〉 があり、しかもその場合 **C**＝**to V** であるという知識に思い至るはずだ。

> who <u>tell</u> people ⌈**uninterested in sports**⌉ to take up sports.
> **V**   **O**   **C**

　すると、間に挟まっている **uninterested in sports** が **M** であることが分かる。これは前の **people** にかければ意味の収まりがつく。

(4) 第4段落第6文後半

⌈ Point 4. ⌉ 文頭の副詞は主節の動詞へ

> ⌈if⌉ you <u>were to ask</u> ⌈**whether**⌉ in this way he <u>succeeded</u> in convincing those listening or in winning their respect the answer <u>would be</u> no.

　見ての通り動詞は3つで接続詞は2つ。主節の **V** は **would be** である。もちろん主節の主語は **the answer** であるから、先頭にある **if** 節は副詞節で条件。当然主節の動詞 **would be** にかかる（**would** があるので仮定法であることは言うまでもない）。そこで **if** 節と主節をつないで意味をとると、「**whether**…と問うならば、答えは **No** である」が全体の骨格となる。つまり **whether** 節（**ask** の目的語で名詞節、よって **whether** は「…かどうか」と訳す）にある内容に対し、答えは **No** だと言っているのだ。**whether** 節の内容は「このやり方でその人が聞いている人を説得したり尊敬を勝ち得たりできるか」なので、筆者は最終的に、「そういうことはできない」と断じているのだ。

(5) 第4段落第7文

⌈ Point 5. ⌉ **all** の品詞と意味が理解の鍵

> All he ever <u>got</u> <u>was</u> a cold question as to ⌈what⌉ he himself <u>thought</u>.

　動詞は3つあるので接続詞は2つのはずだが見えるのは **what** だけなので、関係代名詞の省略をまず考えにいく。**got** を他動詞と見れば、その目的語がないことになる。これを利用すれば関係代名詞の省略が作れるが、そのためには名詞が2つ並んでいるところが前にないと困る。これをクリアするには **All** が名詞であると考える能力が必

要だ。もちろん **all** は「すべての」という形容詞であるが、つい先ほども使ったとおり「数量を示す形容詞はそのまま名詞に使える」ので、これを名詞としてもいっこうに差し支えない。

> All <u>(that) **he ever got**</u> was a cold question as to <u>**what he himself thought**</u>.
> **S**　　　　　　　　　**V**　　　**C**

　これで全体像を捕まえることができた。主節の意味は「すべて＝冷たい質問」である。これでは意味が分からない、という向きは『英文読解100の原則』をもう一度読み直してみるといい。私がこの話をするときにいつでも引き合いに出すのが「君がすべてだ」という口説き文句である。もちろんこんなのはうそっぱちに決まっているが、それは措いておくとすれば、「君＝すべて」というのは「僕には君以外に女性はいない」「君だけだ」と言っているに等しい。それと同じように考えれば「すべて＝冷たい質問」とは「冷たい質問だけだ」と言いかえられる。後は関係詞節 **that he got** をかけて、「手にはいるのは冷たい質問だけ」とすればいい。最後に **M** の処理だが、「質問」と言えば、当然その内容、場合によっては「何に関する」質問か、が問題である。こういう視線で後ろを眺めれば前置詞 **as to** が「…について」という意味を持つことに思い至るのはそれほど難しいことではなかろう。

(6) 第5段落第1文

Point 6.　仮定法とそうでない部分を明確に分ける

> **If** a person <u>has</u> time to read dozens of romances, he or she <u>would stand</u> more to gain as a human being actually falling in love with a flesh-and-blood person.

　動詞は2つで接続詞は **if** 1つ。主節の主語は **he or she** だから、当然 if 節は副詞節で「条件」である。主節の動詞には **would** がついているのでこの文は仮定法だから、では if 節が条件なのだ、と飛びつきたくなるところだが、それは完全な誤解である。**if** 節の動詞は **has** と現在形なので、ここは仮定法の条件とは全く違う。「恋愛小説を読む時間がある」のは、「現実にあり得ること」だと筆者は定義しているのだ。するとむしろこの仮定法の条件は、if 節の内容とは逆のこと（「現実と逆」が仮定法の条件であることは何度も言っている）だと考えればよい。同じ文中にあって「恋愛小説を読む」と意味上反対になっているのは **actually falling in love**…「実際に恋に

落ちる」だから、この部分を「仮定法の条件」とすればよい。「条件」の意味になるのだから **falling** は「分詞構文」ということになる。さて、ここで全体を見渡してみると、2つの「条件」があるとすれば当然そこには比較が発生するはず（A の場合と B の場合を比べる、という発想）だが、注文通り主節の目的語は **more** と比較を利用している。つまり「自分で恋に落ちる」方が、「恋愛小説を読む」より「得るものが多い」と言っているのだと分かる。この場合「自分で恋に落ちる」方が **more** であると考えるのは、主節が仮定法なので、「仮定法の条件」との結びつきがより強いからである。「本なんか読んでいる暇があったら自分で恋愛した方が得るものが多い」が最終的な訳となる。

(7) 第6段落第2文

Point 7. **C** の中心部は形容詞である

In the final analysis, reading <u>is</u> merely an asset of indeterminate value in life.

構文自体はどうということはない。動詞は **is** 1つで主語は **reading**、その前にある **In the final analysis** は副詞で **is** にかかる。だが、考えてみれば **In the final analysis** という言葉はとても重要なことを我々に伝えている。一言で言えば、筆者はこの文こそがこの文章の結論だと言っているのだ。何しろ「最後の分析」なのだから、筆者は最終的にこういう分析に達した、と自分で宣言しているのである。このように、筆者は自分の主張の中心がどこにあるかを、こうして「言葉で」明確に宣言する。段落の最初にあるだの最後にあるだの、文章のはじめにあるだの終わりにあるだのといったご託は、しょせん「あったらいいなぁ」という願望の表現にすぎない。こういう「目に見える言葉」を手がかりに読めば、筆者の主張を探しあぐねる、などということは起こらないのである。

ところで、**is** の後ろには **an asset of indeterminate value** という表現がある。もちろん形式上は名詞である **an asset** が **C** であるが、後ろの **of …value** が「of＋抽象名詞」で、形容詞と同値（「**C** にもなれる」ということ）であることを考慮すれば、**an asset** は不要であるという結論に達することが分かるだろうか。

一般に **C** に形容詞と名詞が重ねてある場合、意味上の中心点は形容詞にある。これは考えてみれば当たり前のことで、**He is an honest man** と言うとき、「彼＝人間」はあまりにも当たり前でどうでもいい事実にすぎない。それに対し、「彼＝正直」は意味を持つ属性であるといえる。こう考えると、この文でも **an asset** という名詞は

排除して、形容詞だけを **C** とした方がすっきりと分かりやすくなる。

In the final analysis, reading is merely of indeterminate value in life.
　　　　　　　　　　　　S　　**V**　　　　　　　　　**C**

　このように、「不要なものをなるべく排除する」というのは「明確な理解」にとってきわめて重要な発想である。諸君の多くは、なるたけ多くの情報を取り入れて処理しようとするようだが、情報が多くなれば多くなるほど処理する側には大きな負荷がかかり、誤解の可能性が高まることになることを忘れてはならない。自分を買いかぶってはいけないのだ。だから、安全に排除できることが分かっている情報がある場合、それはあらかじめ排除しておく方が、より迷いなくものを考えることができるのである。この文でも、迂闊に **asset** の意味を「宝」などと覚えていると、その意味に引きずられて「読書は宝だ」などという誤解を招きかねないし、反対に **asset** を知らないと、今度は「知らないコンプレックス」に引きずられて「なんだか分からない」などという自信のない結論に達してしまうのだ。

　さて、こうして **an asset** を取り除いてみると筆者は **reading＝of indeterminate value** ということを主張していると分かった。ここで重要なのは **indeterminate** であろう。単純に言えば「決まっていない」だが、「値打ちが決まっていない」というのは、値打ちを決める要因が **reading** そのものにはなく、何か別の要因が作用してはじめて値打ちの有無が決まるのだと言っていることになる（単純に「値打ちがない」と断じているわけではないことに注意）。すると、当然その「別の要因」とは何か、という疑問がわくので、それを抱えて次の文に行こう。すると、**It is something for people…** に出会う。主語が代名詞なのは前の主語を受けているからだから、**It＝reading**、すると **reading is something for people** だと言うことになる。先ほど同じ **reading is** の **C** は **of indeterminate value** であったが、この文ではそれは **something** に変わっていることが分かるだろう。だが、単純に **something** を「もの」などと訳してはいけない。前の補語では「価値があるともないとも言えない」と肯定も否定もしていなかったのに対し、**something** は明らかに肯定であると考えれば、この **something** は「価値がある」だと分かる（傍証として、反対語の **nothing** が「何でもない」「とるに足らない」という意味で使われることを挙げておこう。**The question was nothing to me.** は「この問いは僕には何でもないよ」である）。

　すると問題なのは、「何によって」価値があると決まったか、である。その手がかりはもちろん **for people…** という部分だろう。「ある人にとって」価値がある、ということは、あくまでも価値の有無を決めているのはその「人」だということである。

つまり筆者は「読書に価値があるかどうかは読む人次第だ」と言っていると分かる。

4.【重要語彙の意味】

Point 1. attend

　自動詞と他動詞で意味が違うことはあまりにも有名。自動詞の場合、後ろに前置詞 **to** を伴い、「…に注意を払う」。一方他動詞の場合、「参加する・通う」という意味。他動詞の **attend** は目的語に「動作」がくる。その点では、**take part in…** や **partic-ipate in…**、さらには **partake of…** などと同じである。同じ「参加する」でも **join** は目的語に「人・集団」が来る、という違いがある。なお、自動詞と他動詞で大きく意味が違う言葉は他にもあるので要注意。特に **yield** は自動詞（**yield to…**）で「…に負ける」に対して他動詞 **yield** は「産む」である。

Point 2. culture

　思わず「文化」と訳してしまいがちだが、動詞 **cultivate**「耕す」からきていることでも分かるように、「頭の中が耕されて洗練された状態」を言う。従ってこの本文の場合のように「教養」と訳すこともできる。

Point 3. win（第5章を参照）

Point 4. stand

　最初に「立つ」を覚えてしまうがゆえに、いつまでも分かりにくい面を持つ。本来の意味は、「ある状態のまま動かない」ことである。もちろん文型によって訳語レベルでは異なった表現になるが、この基本的なセンスは変わらない。それが〈**SVO**〉文型の **stand** を通例「耐える」と訳す理由でもある。この訳語を理解するには、たとえばものすごく重たいボールを受け止めることをイメージしてもらうと分かりやすい。重たいボールを投げつけられて、それを受け止めても「動かない」のが **stand** のイメージである。ボールの重みをぐっと受け止めても動かないから「耐える」なのだ。それに対し **bear** は同じ「耐える」でも「木が実をつけている」イメージである。誰しも重い荷物を背負っているとだんだんいやになってくるものだが、それをぐっとこらえている、というのが **bear** の意味だ。また **endure** は元々 **dure** に「長い間持続する」という意味があって（今では **dure** という言葉は見かけないが、その名詞形の **duration** はよく使う。意味は「長くもつこと」から「持続時間」といった意味である。電池の寿命などを **duration** というのだ）、その意味から生まれたものである。

「長い時間保たせる」にはそれなりに「耐える」必要があろうというものだ（これにふさわしい例を恥ずかしくも私は思いつくのだが、とてもこういうところにあからさまに書ける類のことではないので割愛する）。

5.【解法解説】

Point 1.　要旨をまとめる問題は筆者の主張を探せ！

　いわゆる「大意要約」問題は決して現在の受験問題の主流ではない（採点に時間がかかるというのが主な理由だろう、というのは公式論。それもあるだろうが、要約を出題しない大学の本音は「そんなもの出題したら受験生が逃げちゃうから」というあきれるほど即物的な発想に違いない。確かに、現在の私立大学経営において、「受験生の数」というのはとても大きな意味を持っている。ぶっちゃけたことを言えば、「受験してもらうだけでもお金が入る」のだ。これから少子化の時代を迎えてもちろん大学としては在籍してくれる学生数も確保する必要があるが、それに加えて「受験料収入」というのはとてもうまみのある収入なのだ。何しろほとんど「やらずぶったくり」でもどこからも文句がこないのである。かかる経費といえば紙代と雀の涙ほどの出題料くらい、場所代も大学キャンパスを使えばロハである。うるさい教授連中には多少のボーナスが支給されるが、事務職は基本的に通常業務なので人件費はただ。採点は機械任せ。こんなおいしい話に乗らない手はない。従って大学は背に腹は代えられぬとばかりにポリシーなどというものはかなぐり捨てて科目数を減らし、受験機会を増やし、勉強がダメなら推薦も AO もありますよとばかりに学生をあおり立てる。もちろんこむずかしい要約問題などもってのほかなのだ。それにしてもこの解説、ずいぶん長いなぁ、まあ乗りかかった船だからもう少し書いておこうか。

　今言ったような現実は、それでもこれから起こりうることと比べれば、まあかわいいものである。これから何が起こるか、といえばそれは「全員合格」である。何しろ子供の数は減っているのだ。だが大学としては、どうにかして食って行かねばならない。すると当然「できるだけ多くの子供に受験させる」だけではなく、「受験しにきた子供は逃がさない」ことが肝要になる。だからまずどんどん補欠合格者を出す。上が抜けたら下から補充すればよいという、無節操の固まりのような発想だが、生きていくためには仕方がない。次にやるのが、A学部に不合格の生徒を定員割れしているB学部に入れてしまう、ということである。この調子で行くと、いずれはある日突然受けてもいない大学から「おめでとうございます！　合格しました」という電話が舞い込むという日も、そう遠くないのかもしれない。もちろん大学自身も、そのような無節操なやり方が学生にとっても大学自身の将来にとってもよくないことは百も承知

である。中には、異を唱える善良な職員もいるかもしれない。だが、「背に腹は代えられない」という錦の御旗の元では、そういうまっとうな声はたいてい黙殺されていくのだ。こういうことを書くと、「それでは大人たちは僕たちの将来のことなど考えていないことになるじゃないですか」という声が諸君からあがりそうだが、さよう、大人は諸君の将来のことなどちっとも考えてはいない。「子供たちに美しい地球を残そう」というのはご立派なスローガンだが、そういうのはあくまで「建前」であって、要するにその日のおまんまにありつけるかどうかが一番重要だという姿勢は、狩猟採集経済の時代以来全く変わっていないのだ。

　このことを典型的に示す1つの例がある。Y2K問題というのを多くの諸君は記憶しているだろう。2000年になるとコンピューターのプログラムが誤動作して大変なことになるというあれである。実際には2000年になっても大したことは起こらなかったから、その問題は解決したのだと思っている人が多いかもしれない。だが、実際にはほとんどの場合、何の解決も図られていないのだと言ったら、諸君は驚くだろうか。この問題は「年号」を表す数字がすべて下2桁だけであったため、2000年を1900年と誤解するということが原因であった。従って「ちゃんとした対策」をとるならば、それまでの年号データを全て4桁に変える必要がある。ところが、それにはとても大変な労力と費用が必要である。一銭も儲からないことに、そんな費用と労力をかけるのは当然皆いやなのだ。そこで大人たちは何をやったかというと、コンピューターのプログラムに「年号が30より小さければ2000年代、30より大きければ1900年代と判断せよ」という命令を追加しただけなのだ。利発な諸君ならもうこのやり方がとんでもないことに気づくだろう。そう。これでは2030年になるとまた同じ問題が発生してしまうのだ。だが「30年後には同じソフトウェアはたぶん使ってないから、それまでに問題は消えてなくなる（といいなあ）」というだけの理由で、それで良しとされているのだ。極めつけは、「それじゃあ本質的解決にならないじゃないか」と言われた知り合いの某金融屋のSE（システムエンジニア。コンピューターのプログラムを作る人のことを言う。システムとついていながらシステム全体がわかっている人がほとんどいないというのも皮肉な現実だが）が言った言葉であろう。「大丈夫だよ。そのころにはオレ定年でいないから」だと。合掌である。

　さて、ところで何で私はかくも長々と、本題と無関係なことを書いているのだろうか。それは諸君にいい加減目を覚ましてもらいたいからだ。大人は諸君が思っている以上に身勝手な存在なのだ。若い人の中には「大人は汚いから嫌いだ」などといってそういう大人の現実に背を向け、自分だけそれから超越しているかのような気になっている人がいるが、実は大人の目から見れば、そういう子供ほど「いいカモ」なのである。子供が無関心であればあるほど、大人は好き勝手ができるというものだ。むし

ろ諸君は大人のやっていることにしっかりと目を向け、自分に不利なことにはどんど
ん抗議の声を上げていくべきなのだ。そして、抗議するに当たって当然必要なのが
「武器」である。それもちゃんとした武器を使わなければ、結局社会からは圧殺され
るだけなのだ。たとえ不良になって大人を手こずらせても、不登校になって家に引き
こもっても、結局傷つくのは自分とその周囲の人間だけで、この世界全体は相変わら
ず諸君に対して「あっかんべー」をしたままであることに変わりはない。では、何が
諸君の正当な「武器」となりうるのか。それは「知恵」であり、その知恵を支えてい
る「言葉」である。この二つをしっかり身につけて正しい判断を下せるようになって
はじめて、この殺伐たる世界を「納得ずくで」生きていくことができるようになるの
だ。大人は絶えず猫なで声で諸君に近づいてくる。「数学なんてできなくても、英語
なんてできなくても、何なら勉強できなくても入れてあげますよ」とね。だがそうい
う誘いに迂闊に乗ってはいけない。「相手から誘ってくるところに迂闊に行ってはい
けない」というのは人生の真理である。たとえ少ししんどくても自分でものを見分け、
判断していける能力を身につけることが、だまされない唯一の方法なのだ。簡単に言
えば、勉強しろ、ということだね。よく諸君は「何のために勉強するのか分からな
い」と言う。だが、その答は簡単なのだ。「自分から何かを選び取ってよりよく生き
るために」勉強はあるのだよ。（どうだ、まいったか。）

　要約問題は文章がちゃんと読めているかどうかを知る非常に有効な試験形式である。
　諸君に「どうやって要約するの？」と問いかけるとたいてい「全体をよく読んで内
容をまとめるの」という答えが返ってくる。ご名答。涙も出ないほど優等生的な解答
である（優等生とは間抜けの同義語である、念のため）。何しろ、この答えの中には
「何をどうするのか」という具体性のある方法論が全く含まれていないのである。こ
ういうあいまいな態度で要約の練習を繰り返しても、ちっともできるようにはならな
い。では、どうするか。それをこれからしばらく考えてみよう。

　もちろん要約には文章に書いてあること全てを入れることができないから、何かを
削らなくてはならない。つまり要約で最初（ではないが、それについては後述）にや
らなくてはならないのは、文章の中身を「必要な部分」と「そうでない部分」に分け
ていくという作業である。だが、何であれものを２つに分けるには、一定の基準がな
くてはならない。基準のないまま印象だけで分けていったりすれば当然その結果はま
とまりのないものになるし、だからといって、「文章の最初と最後が大事」などとい
うたわごとのような基準で分けていたのでは、要約などできようはずはない。では、
その基準とは何か。もちろん、「筆者がその文章の中でもっとも中心的に語っている
こと」である。これを世間では筆者の「言いたいこと」というらしいが、私は前の方
でこの「言いたいこと」という言い回しにかみついたという義理があるので、あえて

108

この言葉を避けて「筆者の主張」と呼ぶことにする。つまり文章を「必要なもの」と「そうでないもの」に分けていくには、あらかじめ「筆者の主張」が分かっていることが必要なのだ。

　これまた以前に語ったことだが、全ての文章に「筆者の主張」があると考えるのは誤りである。中には主張などなく事実を淡々と語っているものがある。こういう文章はそもそも要約することなどできない。たとえば「スキューバダイビングでボートから海に入るには2つの方法があります。1つはジャイアント・ストライド・エントリー、もう一つはバック・エントリーです」という文章は、要約のしようがないのだ。これを強引につづめて「ダイビングには2つのエントリーの方法がある」としてみたところで、その2つの方法がなんなのか分からなくなってしまえば、この文章は意味を失うのだ。

　こういうことを書くと、「では主張のない文章が要約問題に出たらどうしましょう」という質問をしてくる人がいるだろう。だが、心配するには当たらない。要約問題を出題したということは、少なくとも出題者がその文章には「筆者の主張」が存在すると判断していることを意味する。そうでないものをあえて要約問題にすることなどあり得ないのだ。

　では、どうやって「筆者の主張」を見つけるのか。こういう問題に対しても「全体をみて」だの「文脈で」だのという無意味な方法論を提示する人がいるが、何度も言うとおり、具体性のない方法論に意味はない。やり方は簡単である。筆者が自分で「これがオレ（あたしの）の主張だ」といっているところを探せばいいのだ。たとえば一番典型的なのは、「私は…だと言いたい（I would like to say…など）」とはっきり書いてあるもの。「重要なのは…だ（the most important thing is…など）」と言っているもの。反語。「要するに（in short など）」と書いてあるもの。そういう具体的な言葉遣いの中に、筆者は「私はここが言いたい」という意味を乗せていることは明白である。他にも、「同じ形の反復」を使って何度も言い直したり、対比したりしている部分などは、そういう「意図的な表現（偶然同じ形を繰り返す人はいない、と前にも書いた）」の中に、筆者がそこを重要だと考えていることが現れている。もちろん、その表現の仕方は「ここからここまで」というような範囲の決まっているものではないが、必ず何らかの「特徴的な言い回し」によってそこが主張であることが示されているはずだ。そういうものが見つかったらそれを「筆者の主張」とし、それを基準として文章を「必要なもの」と「必要でないもの」に整理していけばよい。

　具体的にこの問題でみてみよう。筆者の主張が最初に現れるのは第2段落第1文である。【構文解説】ですでに語ったように、ここの疑問文は疑問ではなく反語であり、「読書はそれほど重要ではない」という主張がなされている。これをつかまえたら、

それを基準に文章をいるものといらないものに区分けしていく。全訳を再掲しながら、そこに私のコメントを【　】内につけていこう。

　　読書週間との関係で、私がかつて通っていた学校から高校時代にどのような本を読んでいたかを尋ねるアンケートが送られてきた。【話の枕にすぎない。いらない。】

　　それを見て、私は考え込んでしまった。最近の若者は本を読まないとよく批判されるが、果たして本を読むことはそれほど重要なことなのだろうか。【「読書は重要ではない」という主張。必要。】

　　おそらく若い人が音楽を聴かなくても、音楽を聴くべきだと説教されることは少ないだろうし、スポーツに興味がない人にスポーツをやりなさいと説教を垂れる人にもあまり出会ったことはない。【他の行動との対比。読書そのものの話ではないので不要。】

　　読書は特別扱いなのだ。【ここが筆者の疑問の核心。必要。】確かに、本を読めば教養もつくし物知りにもなれる。【本の効用について触れている。「本は重要でない」とは矛盾するので不要。】人生について考えるきっかけにもなるだろう。【同前。不要。】だが、それだけのことだ。【ここは「読書は重要ではない」に当たる。必要といえば必要だが、前と同じ内容なので不要。】私の友人にいわゆる読書きちがいがいるが、その人物は自分の意見を問われると、最近読んだ本の一節を引用して人の考えの受け売りはするものの、このようなやり方で聞いている人を説得し、その尊敬を勝ち得ることができるかといえば、答えは No である。そんなことをしても、「結局おまえはどう思っているのだ」と冷たく問い返されるのがオチなのだ。【読書に意味がないことの具体例。例示にすぎないので不要。】

　　恋愛小説を読む暇があるのなら、実際に生身の人間と恋に落ちた方が、人間としてはより多く得るものがあるだろう。【同前。不要。】

　　もちろん、私がここまで書いてきたことは極論である。【ただのお断り。不要。】極言すれば、しょせん、読書をしても生きていく上で価値があるかどうかは分からないのだ。【「読書は重要でない」という内容をよりきちんと説明している。必要。】読書はたとえば私のように読むことが大好きな人間にとってはそれなりのものだが、私が読書が好きだというのは、ちょうどロックミュージックやサッカーやコンピューターゲームが好きだというのと同じことである。【「特別視しない」という姿勢が示されている。必要といえば必要だが、すでに「特別視を疑問に思う」部分はあるので不要。】

　結局私はふと思いついて『どくとるマンボウ青春記』とアンケートに書き、それを返送した。【話をさりげなく終わらせるための与太話。不要。】

Point 2. 要約問題の字数オーバーをさける方法

　さて、これで、どうやっているものといらないものを分けているかが見えてきただろうか。整理しておこう。まず「主張と無関係なもの」これは不要。「主張のただの言いかえ」これも不要。そして「整理しきれない具体例」も不要である。特に気をつけてほしいのは、「主張の言いかえ」を排除しなければならない、ということだ。誰であれ、重要だと思うことは何度も繰り返し語るものである。だが、選挙の候補者ではあるまいし、いくら重要だからといって全く同じ言葉で同じ内容を繰り返すはずはない。それでは読者が飽きてしまう。だから筆者は多くの場合、同じ内容を違う表現に乗せてくる。ところが諸君の中には「表現が違う＝内容が違う」だと思いこんでいる人がいて、そういう人は同一内容を２度以上要約の中に書き込もうとする。だが、当然出題者（筆者ではない）は、あらかじめ自分で解答を用意して必要なことを１回ずつ言える字数に設定してあるのだから、同じ内容を２度以上書こうとすると、必ず字数オーバーの憂き目にあう。それを強引に字数だけ縮めようとすれば、不自然な要約ができあがるだけでなく、かなり大きく減点されることになる。というのは、「同じ内容を２度書いた」ということはその２つが「同じだと分かっていない」と判断されてその分減点されるのに加え、無駄なものが入っているが故に「必要なのに入れられなかったもの」が出てくるからそれが入っていない分減点、というわけで、一箇所で２度も減点されることになる。

　こうして整理してみると、この文章では筆者は「読書が特別扱い」されている現状に異を唱え、読書そのものが重要ということはない、と主張し、それをさらに「好きかどうかによって重要かどうかが変わるので、他の行動と同じなのだ」とまとめていることになる。こういう風に話の焦点と流れが分かってしまえばしめたもので、後はその通りに記述してやれば、ほぼ制限字数内に収まるはずである。

　最後にもう１つ。要約問題を解くときに、最初指定字数の倍も書いておいて、後からそれを縮めていく人がいるが、そういうやり方はおすすめしない。まずは話の焦点をきちんと絞り込んで、必要なものとそうでないものとを緻密に分けることが大切である。それが正確にできていれば、最初の草稿からそんなに字数に過不足が出るはずはない。字数に過不足が出るということは「必要なもの・不必要なものの区別ができていない」か、「基準となる主張を取り違えている」かのどちらかなので、その答案に手を加えてどうにかしようとせずに、一度白紙に戻してもう一度文章を見直すべき

である。せっかくここまでできたんだから、などというつまらないことにこだわってはいけない。間違ったと思ったら思い切りよく撤退することもまた、知性の証だからである。

英語長文読解練習問題
＋1行解説

114

問 題 1 | ('91 慶応大学理工学部)

次の英文を読んで設問に答えなさい。

The energy crisis hits hardest at rural families in developing countries because they have the least energy available to them. It means that they have to walk further and search harder for firewood and water. It means poorer crops and lower incomes because fertilizers have become scarce and expensive. (ア)**It means that, more than ever, they are bound to poverty, and that their basic needs are not met**.

Rural people in developing countries make up the majority of the world's population; (イ)**however,** their energy needs get little attention. Engineers should try to satisfy these needs at a reasonable cost. To help meet rural agricultural energy needs, they should practice conservation and search for alternative sources of energy supplies.

Sunlight, wind, and water have the potential to provide thousands of times more energy than the world presently uses. Furthermore, it is the rural areas of developing countries that generally have the largest concentrations of these resources. (ウ)**We must extract that energy and provide it in useful forms when and where it is needed**. This is necessary in any future development efforts to benefit rural families.

[**A**] 下線部(ア)と(ウ)の内容に合う英文をそれぞれ 1 ～ 4 から選び、番号で答えなさい。

(ア)1. The energy crisis means that rural families are tied to their farms. Because they are tied, these families cannot go to the store to get what they need.

　2. Developing countries mean that rural families will always be poor and that they will never be provided with their basic needs.

　3. It will be hard for rural families to be free from poverty. It also

means that they will not receive enough things like food, clothes, and a house.

    4. Rural families need more fertilizers in order to become richer.

(ウ)1. We should find ways to give more energy to developing countries whenever and wherever it is needed.

    2. We should find ways to remove sun, wind, and water from rural areas. We should then bring it to different places where it is needed.

    3. If we want to help rural families, we should provide them with more sunlight, wind, and water.

    4. If we want to help rural families, we should find ways to make energy from the sun, wind, and water usable. Then we should find ways to make it available at the times and places it is needed most.

［B］下線部(イ)の **however** を **therefore** と書き換えた場合、後に続く英文として もっとも適切なものを 1 ～ 4 から選び、番号で答えなさい。

    1. Rural families pay little attention to their energy needs.

    2. Energy needs get little attention from rural people.

    3. People do not pay attention to the energy needs of rural people.

    4. People should pay attention to the energy needs of rural people.

【全　訳】

　エネルギー危機は発展途上国の辺境地区に最大の被害をもたらすが、それはその地区の住人が使えるエネルギーが最も少ないからである。したがって住民は遠くまで薪と水を探し求めにいかねばならず、肥料が少なく高価になるため収穫も収入も減るという結果をもたらす。そしてこれまでになく住民は貧窮にさいなまれ、生活に必要な最低限のものさえ手に入らないことになる。

　こうした住民が実は世界の人口の多数を占めているが、彼らに必要なエネルギーについてはあまり多くの注目を集めてはいない。技術者たちは、低価格で彼らのエネルギーの必要性を満たす努力をすべきである。辺境地区の農業に必要なエネルギーを確保するため、エネルギーを保存し、かつ代替エネルギーを求める努

116

力をすべきなのだ。

　太陽光・風・水は現在世界が消費しているエネルギーの数千倍のエネルギーを供給する能力を秘めている。しかも、こういった資源が集中的に存在するのは、上に指摘したような地域なのである。我々は、そのエネルギーを引き出し、それを必要な時、必要な場所に供給するようにしなくてはならない。これは将来、こうした地域に住む人々を救おうとする際に必要となることである。

【解　答】

A(ア)3. 　(ウ)4. 　B 4.

【1行解説】

[A]

(ア)1：**are tied to their farms** が記述なし。本文には **bound to poverty** とあるだけで、**farm** に縛りつけられているかどうかは分からない。2：**mean** の意味が異なる。**mean** は主語に「意志を持つ主体」が来ると、「…を意図する」になるが、本文には **developing countries** の「意図」は書かれていない。4：**rural families** が必要としているのは、**fertilizer** ではなくて **energy** である。

(ウ)1：**give more energy** にだまされてはいけない。本文には **extract that energy** とあって、**that** がついているため **enegy** は特定のもの（太陽・風・水のエネルギー）である。**give more energy** という表現では、**energy** に **the** がついていないため、**energy** は「エネルギー一般」となり、本文の内容と異なる。2：**remove sun, wind, and water from rural areas** だって？　できるもんならやってもらおうじゃないの。それにしてもどうやって「太陽を取り外す」んだろう？　3：**provide them with more sunlight, wind, and water** が誤り。本文には「この地区にはそのようなエネルギー源が集中的に存在する（it is the rural areas…that generally have the largest concentrations of these resources）」とある。エネルギー源はあるが、エネルギーに変換できないことが問題なのだ。緻密に読めないとはまるね。

[B]

　単に **however** を **therefore** に置き換えようとすると罠にはまる。直前に「世界の人口の多くは辺境地区の住民だ」とあり、however 以下を丸ごととばして次の文を読むと、「技術者はそういう人のエネルギーの必要性を満たすべきだ」とある。つまり、however 以下 attention までが丸ごとなければ、therefore でつながる道理である。つまり、**Engineers should try to satisfy…** と同じ意味の文を選択肢から選べばよい。頭は生きてるうちに使おう。

118

問題 2 ('96　早稲田大学商学部)

　(A)の英文を読み、(B)の 1 ～ 7 のうち（A）の内容に合うものはTの解答欄に、合わないものはFの解答欄にマークせよ。

(A)

We take the grocery cart for granted.　But supermarkets wouldn't be supermarkets if it weren't for those large, convenient mobile market baskets that make extended shopping trips possible.　The Edison of the aisles, the man who invented the shopping cart, was an Oklahoma greengrocer.　One day in 1936 Sylvan Goldman, owner of the Standard and the Humpty-Dumpty supermarkets in Oklahoma City, noticed that his customers quit shopping as soon as their wicker baskets got too full or got too heavy for them to carry.

　What to do?

　Goldman had a stroke of genius, an idea that would ensure the future of the supermarket.

　Sylvan Goldman invented the grocery cart.

　The original X-frame model —— two shallow wire baskets mounted on wheels —— was three feet tall, two feet long, and a foot-and-a-half wide.　And it was olive green to match his store's decor.　The baskets were removable so the carts could be folded up and stored.

　The carts were assembled by Goldman's maintenance man Fred Young.　And at first Young and his crew made only enough for Goldman's stores.　That's when Goldman had his second brilliant idea.　He would patent the design and sell the carts to other stores.　Goldman formed Folding Carrier Company and displayed his invention at the first Super Market Institute Convention in New York in 1937.　And did land-office business.

　But winning over shoppers was another story.　Early supermarket shoppers didn't immediately take to Goldman's new grocery carts.　They preferred the market baskets they had carried from home.　It took some persuading to get housewives to walk along pushing these strangelooking carts.　Goldman's solution was to pay his employees' wives to walk around the store filling up carts.　Other women saw how convenient it was to have a basket on wheels and pretty soon nobody brought their baskets.　By the forties the shopping cart was standard equipment everywhere.

There's been little change since then.　The baby seat was added in 1947 with the patented Nest-Basket, which also had an open bottom shelf and a swinging rear panel to allow carts to be nested and take up less space.　About the only modification since then was that little ad on the front of the cart.

(B)

1. Before the invention of the grocery cart, customers used to bring their own baskets.
2. Goldman made a lot of money selling the carts to other supermarkets.
3. Goldman's customers needed no encouragement to use the new grocery carts.
4. In only a few years the shopping cart became an indispensable feature of the modern supermarket.
5. The first grocery carts were equipped with wicker baskets.
6. The grocery cart was invented by an Oklahoma greengrocer called Edison.
7. The only change to Goldman's original design was the little ad on the front.

【全　訳】

　食品カートは今や常識である。我々がスーパーマーケットで長いこと歩き回って買い物ができるのはひとえにあの移動式の買い物カゴがあればこそであって、もしあれがなかったらスーパーマーケットはスーパーマーケットではない。このカートを発明した人物、いわば業界のエジソンとでもいうべきは、オクラホマ州のある食料品店主であった。1936年のある日、オクラホマ・シティーにあるスタンダード＆ハンプティ・ダンプティの店主であった Sylvan Goldman は、買

い物客たちが、持参の買い物カゴが重くて持ちきれなくなると、その時点で買い物をやめてしまうことに気づいた。

どうすればよいか？

Goldman にはちょっとした考えがひらめいた。そしてこの考えが、スーパーマーケットの未来を確固たるものにしたのであった。

彼は食品カートを発明したのである。

初期型のモデル（X型フレームで、浅い金属製のカゴが2つついたもの）は高さ3フィート、長さ2フィート、幅1.5フィートで、店の飾りつけに合うように、オリーブ・グリーンに塗られていた。カゴは取り外し可能で、フレームは折り畳んでしまうことができた。

カートを実際に形にしたのは、Goldman の会社の設備担当だった Fred Young であった。当初、カートは Goldman の店で使う数だけ製作された。だが、そのとき Goldman にはもう1つの考えがひらめいたのである。彼はこのカートの仕様を特許化し、それを他の店に売り出したのである。彼は Folding Carrier Company という会社を設立し、1937年にニューヨークで開催された第1回 Super Market Institute Convention に彼の作品を出展したのであった。

だが、買い物客の支持を得るには、また別の努力が必要であった。はじめ買い物客たちは、Goldman の開発したこのカートに飛びついたわけではなかった。むしろこれまで通り、自前の買い物カゴを使う方を好んだのである。当初はカートは奇異に映ったので、これを押して歩くように主婦たちを説得するにはそれなりに手間がかかったのである。そこで、Goldman は自社の社員の妻たちに金を払って、そのカートに商品を入れて歩き回らせたのである。一般の買い物客はその様を見て、カートを押して歩くことがどれほど便利なことであるかに気づき、やがて自前の買い物カゴを持ってくる客はいなくなった。こうして、1940年代になるまでには、カートはどの店にも置かれるようになったのである。

そのとき以来、カートの仕様はほとんど変更されていない。1947年には、Nest Basket という名前で特許申請された新しいタイプのカートが出たが、これは子供用のシートを備え付け、収納しやすいように、底板がはずれ、リアパネルが跳ね上がるようになったものであった。それ以降の変更点といえば、カゴの前に小さな広告が付けられるようになったことくらいである。

【解　答】

1 = T　　2 = T　　3 = F　　4 = T　　5 = F　　6 = F　　7 = F

【1行解説】

1：第7段落第2・3文に一致。

2：第6段落第3文に注目。ここで、Goldman は a second brilliant idea を思いついたことが記述されており、それ以降に、この a second idea の内容（「カートを他の店に売ること」）が書かれている（ちなみに、a second…idea の内容が「後ろに書いてある」と分かるのは冠詞 a のせいである。the が「すでに出ている」ことを示すのと反対に、a は「まだ出ていない」ことを示す。したがって a second…idea が登場した時点では、その内容はまだ書かれていないことが分かる）。すると、**a second brilliant idea の brilliant** が重要な意味を持っていることが分かるだろう。何しろこの考え方は brilliant「すばらしい」のだから、当然「うまくいった」のである。「カートを他の店に売る」という考えが「うまくいった」ということの意味は、「たくさん売れて儲かった」以外にはない。

3：第7段落の内容と矛盾。本文には、はじめカートを使いたがらない客を説得するために、従業員の妻を「サクラ」に使ったと書かれている。特に第7段落第4文によれば、It took some persuading とあり、この take が「（時間や労力）を必要とする」という意味であることから、選択肢の need no encouragement は誤りだといえる。

4：選択肢にある In only a few years が本文に一致するかどうかを本文の離れたところにある2つの年号から割り出す問題。第1・2段落にあるとおり、カートが発明されたのは「1936年」である。そして第7段落最終文に、By the forties the shopping cart was standard equipment everywhere とある。つまり「カートがどこにでもある」状態になったのは、「遅くとも1940年代までに」である。1936年から1940年代までには、ほんの4年しかない。これは選択肢の In only a few years に一致するといえる。

5：wicker baskets が誤り。wicker baskets という記述は第1段落に登場する

122

が、これはカートが発明される前に、買い物客が持ってきていた買い物カゴのことを指している。一方、はじめに作られたカートの仕様は、第5段落第1文にあるが、そこには wire basket とはあっても wicker basket と書かれてはいない。違う表現なのだから、当然違うものを指していると考えるべきである。

6：単純にカートを発明した人の名前が違う。本文にも第1段落に Edison は登場するが、この Edison は **The Edison** と冠詞がついていることに注意すべきである。固有名詞には冠詞はつかないので、冠詞がついているこの Edison はそもそも固有名詞でない、と考えればよい。固有名詞以外で呼ばれる人はいないので、当然 Edison はカートを発明した人物の呼び名ではない。本文の Edison は「発明家」という程度の意味を持つ普通名詞だと考えればいいのだ（元々オリジナルの Edison は有名な発明家である）。

7：The only change to Goldman's original design が違う。オリジナルのカートは 1936 年製であることに注意。最終段落に 1947 年に子供用のシートがつくなどの変更があったことが書かれている。その後確かに「little ads がつくようになった」とあるが、これは 1947 年の変更の後であることに注意。

問 題 3　('98　早稲田大学教育学部)

次の英文を読んで、設問 1 ～ 4 に答よ。

Communication involves sending signals and receiving them. We all fail at times to receive the intended message, for certain common reasons. (　ア　) (　イ　)(　ウ　)(　エ　)(　オ　) Listening is intrinsically* difficult because language is based on presuppositions* about what others already know and think, and listening reflects these presuppositions just as much as speaking does. A lot of the time we are listening to what we think people mean rather than to what they actually say.

There are a number of exercises one can perform to improve one's capacity to listen. One of these is to make listening active by intermittently* reflecting back to speakers through our comments what we think they said or meant. (カ) This process both increases one's attention to the talk and also provides one with some estimate of the (　キ　) with which one is hearing other people's messages.

Another exercise, one that one can engage in to avoid false conclusions, is to keep mental notes of one's (　ク　) of the remarks of one's conversational partner and to consider the (　ケ　) to which they were the only ones possible. (　コ　), one can heighten one's awareness by carrying out this same activity as one listens to others talking amongst themselves.

　注　intrinsically＝本質的に　　presupposition＝前提
　　　intermittently＝ときどき

1.　空所(ア)(イ)(ウ)(エ)(オ)に、下から選んだ文を順序正しく入れるとすれば、それぞれに何が入るか。最も適切な文を一つずつ選べ。

　a.　Another reason is that we often believe that we know what the other person is trying to say, with the result that we jump to a false conclusion about the meaning of his or her words.

124

b. For example, if A says "Would you mind if I opened the window ?" and B answers "I'm sorry the air is so stale in this room," B has understood "This room smells," when A in fact had the heat in mind.

c. Often, finally, we listen only partially because we are concerned only with the evaluation of the message —— that is, whether we like it or agree with it or not.

d. One frequent reason is that we are preoccupied with ourselves or something external to the situation, so that we fail to hear part of what the other person says.

e. This kind of distraction often happens even while we continue to give off the automatic signals to the other person that indicate listening.

2．下線部(カ)の意味として最も適切なものを一つ選べ。

a. improving one's ability to listen

b. indicating to speakers what we think they said or meant

c. making listening intermittently active

d. thinking what speakers said or meant

3．空所(キ)(ク)(ケ)(コ)に入れるのに最も適切な語を一つずつ選べ。

(キ) a. accuracy　　　　　　　b. connection
　　c. interpretation　　　　　d. relation

(ク) a. attentions　　　　　　 b. intentions
　　c. interpretations　　　　d. meanings

(ケ) a. comment　　　　　　　b. extent
　　c. opinion　　　　　　　d. reply

(コ) a. Nevertheless　　　　　b. Therefore
　　c. Thus　　　　　　　　d. Moreover

4．本文（空所(ア)～(オ)の内容を含む）の内容と合致するものを2つ選べ。

a. It is not necessarily true that we understand exactly what other people mean when we listen to them.

b. Listening is more difficult than speaking because it reflects presuppositions about what others already know and think, while speaking does not.

c. Misunderstanding rarely occurs if we are truly interested in what other people say.

d. Receiving the automatic signals that indicate listening does not mean that others are hearing everything we say.

e. When we listen, we always pay attention to the content of the message as well as its evaluation.

【全　訳】

　コミュニケーションは情報を送り、受け取ることである。だが、我々は誰しも、時に送り手の意図した情報を受け取れないことがあり、これにはいくつか共通の理由がある。そのうちの1つは、我々の気持ちが自分のことやその状況とは無関係な何かにとらわれていて、そのため相手のいっていることの一部を聞き落としてしまうことである。このような注意散漫な状態は、たとえこちらが話し手に対して、聞いてますよという仕草を自然にして見せているときでさえまま起こるのである。もう1つの理由は、相手が何を言おうとしているか分かっていると思いこみ、結果的に相手の言葉の意味を間違えてとらえてしまうことである。たとえば、A氏が「窓を開けてもいいですか」といったのに対して、B氏が「すみませんね部屋がかび臭くって」と返事をしたとすると、A氏は「部屋が暑い」言いたかったのにB氏は「この部屋は臭い」という意味だと誤解したことになる。そして最後に、我々が人の話の一部しか聞き取らないのは、我々がその内容に対して自分がどう思うか、つまり気に入るかどうか、賛成かどうかにばかり気を取られているため、という場合もある。聞くことが本質的に難しいのは、言葉というものは聞き手がすでに知っていて考えていることを前提として成り立っているからであり、聞くことも話すことと同様このような前提の影響を受ける。そこで、多くの場合我々は、相手が言っていることそのものではなく、相手が言っていると我々が思っていることを聞き取ってしまうことになるのだ。

　相手の言うことを正しく理解するための方法はいろいろある。そのうちの1つが、相手が言っている、あるいは意図していると我々が考えることを時折こちら

の発言によって投げ返してやることで、より積極的に聞く、ということである。この方法を採れば、相手の話に対する集中力も高まるし、相手の言っていることをどれくらい正確に聞き取れているかも見当がつくのである。

　もう１つの誤解を避けるためのやり方は、相手が話す言葉を解釈してそれを記憶し、その結論が唯一のあり得る結論である可能性がどのくらいあるかを考えることである。さらに、自分が話の輪に加わっていないときでも、他の人同士が話しているのを聞いて同じことをすることによって注意力を高めることができる。

【解　答】

1　d→e→a→b→c
2　b.
3　(キ)a (ク)c (ケ)b (コ)d
4　a. d.

【１行解説】

1. 複数のセンテンスを並べ替える問題。本編ではこの種の問題を扱っていないので、一通りのポイントを示す。こういう問いに答える場合に使うのは、［①同じ形の反復②名詞→代名詞、a → the ③順番を示す語句④時制⑤指示語⑥論理関係を示す語句］であろう。ただし、このうち一番「使えない」のは、論理関係を示す語句で、こういう語句のうちちゃんと当てになるのは「イコールの意味を持つ語句（in other words, for example など）」や、「反対を示す語句（nevertheless, however, but など）」位である。よく言われる「因果関係を示す語句（therefore, thus など）」や、「付加を示す語句（in addition, moreover など）」は、「最初には出てこない」と言うことくらいしか言えることがないため、あまり使い道はない。そういう当てにならないものに頼るくらいなら、「同じ形の反復」や「代名詞・指示語」、「時制」などを使った方がよほど合理的な解答が出る。この問いの場合、選択肢全体を見渡すと **One…reason** (d)、**Another…reason** (a)、**finally** (c) という「順番を示す語句」があるので、(d)→(a)→(c)という順番（もちろん間に何かが入る可能性は否定しない）になることがまず分かる。しか

も(d)と(a)は文の構成自体が同じ形になっていて、互いに関連していることを明確に示している。ちなみに(d)(a)(c)は空所直前の certain common reasons を１つ１つ説明したものであることは、(d)(a)(c)全ての中に **reason** や **because** という「理由」を示す語句が登場することで明らかである。それぞれの理由は「注意がそれて聞いていない(d)」「はじめから思いこみがあって相手の言葉を誤解している(a)」「賛成かどうかだけが気になっている(c)」である。残るは(b)、(e)をどの位置に入れるかだが、(b)では **For example** が大いに役立つ。これは直前の言い換えと見なしていい（具体例とはしょせん言い換えである）から、(b)の内容とほぼ同じことが書かれているものはどれなのかを考える。(b)の内容を一言で言えば、話し手であるＡ氏の意図と、聞き手であるＢ氏の理解がずれているということにつきる。これは(a)の「誤解」に当たるから、(b)は(a)の直後に来る。残る(e)は **This kind of distraction** が鍵を握っている。This とあるから distraction に当たるものが直前にあればいい。distraction の意味の詰め方は２通り。１つは even while という接続詞に注目すること。while 以下には「聞いているという信号を出している」とあるが、even while という逆接で「そういう場合でさえ」といってつながる主節の意味はその反対の意味、つまり「聞いていない」になるはずである。つまり主節 This kind of distraction often happens には「聞いていない」という意味の語句が含まれていなくてはならない。This, kind, of, often, happens には「聞いていない」という意味はない（当たり前だね）から、distraction は「聞いていない」という意味だと分かる。もう１つは、distraction という単語を分解する方法。dis（「はずす」）＋tract（「引く」）だから、「はずす方に引く」という意味。つまり「注意がそれること」「聞いていないこと」となる。いずれの方法にしても distraction は「聞いていないこと」であり、「聞いていない」と書いてあるのは(d)の we fail to hear だから、(e)は(d)の直後に来る。これで完成。

2．This process increases one's attention で、「**This process** が注意力を増す」のだから、This process＝「注意力を増す方法」となる。直前にある「方法」は、by intermittently reflecting (by＋Ving) だから、ここの意味と同意になる部分を選べばいい。実はこの部分の文法的・意味的解釈には少し注意力が必要。まず reflecting 以下を見渡すと what 節の前には前置詞がいないので、この reflect は what 節を目的語にとる他動詞。reflect は「反射する」つまり「跳ね返す」と言

える。ちょうど壁に向かってボールを投げていることを想像してみるといい。壁に当たったボールは reflect、つまり「跳ね返って」投げた人の方に戻ってくる。これを「言葉」というボールでやるとどうなるだろうか。一方が「言葉」というボールを投げる（つまり「話す」ね）と、それがもう一方（「聞き手」）に届くが、聞き手がその言葉をそのまままねて相手に返すと、それははじめの話し手の言葉が聞き手に当たって「跳ね返って」いるように見える。これがここでの reflect の意味である。つまりここで言う「方法」とは、相手の言っている（とこちらが思う）ことを、そのまま相手に投げ返すことなのだ。その意味で reflect＝「言う」である。選択肢のうち、動詞に「言う」に当たるものが書かれているのは b の indicate のみ。したがってこれが正解。

3. ㈱は **with which** に注目。空所に入る言葉はそのまま which にも当たるので、with (　　) one is hearing other people's messages とし、「with＋何」をかければ後ろの意味が成立するかを考える。ついでに言うと、with＋抽象名詞＝副詞である。そこで accuracy を入れると with accuracy＝accurately＝「正確に」であるから、「相手の言うことを正確に聞く」という意味が成立する。㈡では、one's (　　) of the remarks という表現から、空所部分を動詞化すると「one（聞き手）が相手の発言を（　　）する」となることに気づけばよい。聞き手が話し手の発言をどうするか、といえば、「解釈」する以外にあり得ない。㈢これも後ろの **to which** に注目。選択肢のうち to とのつながりを持つのは extent である（to…extent で「…の程度」）。

4. a. 第1段落第2文に一致。b. 第1段落後半に矛盾。この段落の後ろから2つ目の文に listening reflects…as much as speaking does とあり、本文では listening と speaking は「同じ」程度とされている。c. Misunderstanding rarely occurs がそもそも本文に一致しない。この本文に書かれているのは「誤解が起こる」場合だけで、「起こらない」場合のことは書かれていないので分かるはずがない。d. 問い1の選択肢 e に一致。e. 問い1の選択肢 e に矛盾。それによれば、evaluation にしか興味がない場合がある、と書かれている。

問 題 4 ('97 慶応大学理工学部)

次の英文を読み、設問に答えなさい。

It is generally accepted that the experiences of the child in his first years largely determine his character and later personality. Every experience teaches the child something and the effects (1) **are cumulative**.

'Upbringing' is normally used to refer to the treatment and training of the child within the home. This is closely related to the treatment and training of the child in school, which is usually distinguished by the term 'education'. In a society such as ours, both parents and teachers are responsible for the opportunities provided for the development of the child, so that upbringing and education are interdependent.

The ideals and practices of child rearing vary from culture to culture. In general, the more rural the community, the more uniform are the customs of child upbringing. In more technologically developed societies, the period of childhood and adolescence tends to be extended over a long time, resulting in more opportunity for education and greater variety in character development.

Early upbringing in the home is naturally affected both by the cultural pattern of the community and by the parents' capabilities and their aims and depends not only on upbringing and education but also on the (2) **innate** abilities of the child. Wide differences of innate intelligence and temperament exist even in children of the same family.

Parents can (3) **ascertain** what is normal in physical, mental and social development, by referring to some of the many books based on scientific knowledge in these areas, or, less reliably, since the sample is smaller, by (4) **comparing notes** with friends and relatives who have children.

Intelligent parents, however, realize that the particular setting of each family is unique, and there can be no rigid general rules. They use general information only as a guide in making decisions and solving problems. For

130

example, they will need specific suggestions for problems such as speech defects or backwardness in learning to walk or control of bodily functions. In the more general sense, though, problems of upbringing are recognized to be problems of relationships within the individual family, the first necessity being a secure emotional background with parents who are united in their attitude to their children.

All parents have to solve the problems of freedom and discipline. The younger the child, the more readily the mother gives in to his demands to avoid disappointing him. She knows that if his energies are not given an outlet, her child's continuing development may be (5) **warped**. An example of this is the young child's need to play with mud and sand and water. A child must be allowed to enjoy this 'messy' but (6) **tactile** stage of discovery before he is ready to go on to the less physical pleasures of toys and books. Similarly, throughout life, each stage depends on the satisfactory completion of the one before.

1. 本文の内容と一致しないものを3つ選んで，記号で答えなさい。
   (イ) An adult's character is in a great measure decided by his childhood experiences.
   (ロ) Upbringing and education are merely two different words for the same process.
   (ハ) The way people bring up their children varies throughout the world according to differences in culture.
   (ニ) Children in more technologically developed societies have stronger characters than those from rural communities.
   (ホ) Although the cultural pattern of the community affects early upbringing in the home, it is nevertheless not the only factor.
   (ヘ) Personal contacts tend to be less reliable on a method of establishing norms of child behaviour than scientific books on the subject.
   (ト) Intelligent parents do not seek outside advice with child problems.

(チ) Regarding relationships within the family, the first necessity is a secure emotional background.

(リ) If a child were subjected to unusually firm discipline, his development might well be adversely affected.

(ヌ) The development of the human personality is presented in the passage as a series of stages, rather than a smooth progression.

2. 本文中の下線部(1)～(6)の意味として最も適切なものを選び、記号で答えなさい。

(1) **are cumulative**

(イ) are dangerous

(ロ) are beneficial

(ハ) become progressively greater

(ニ) immediate

(2) **innate**

(イ) great
(ロ) unsatisfactory

(ハ) inborn
(ニ) inoperative

(3) **ascertain**

(イ) find out
(ロ) bring about

(ハ) assert
(ニ) assure

(4) **comparing notes**

(イ) sharing experiences
(ロ) writing down

(ハ) making notes on
(ニ) sharing scientific books

(5) **warped**

(イ) distorted
(ロ) woven

(ハ) speeded up
(ニ) stopped

(6) **tactile**

(イ) touching and feeling
(ロ) immature and unnecessary

(ハ) tactical
(ニ) intellectual

【全　訳】

　幼い頃の経験がその人の性格や、成長してからの個性を決定するということは、一般に受け入れられている考えである。1つ1つの経験が子供に何かを教え、その影響が積み重なっていくのだ。「育児」は通常家庭内での子供の世話としつけを指す。これは学校での子供の世話や訓練と密接に結びついているが、学校で行われるものは「教育」という名前で区別される。我が国のような社会では、親と教師の双方が、子供が発達するのに必要な機会を与えることに対して責任があるため、育児と教育とは相互に関連している。

　子育ての理念および方法は文化によって異なる。一般に社会が遅れていればいるほど、子育ての習慣は画一的になる傾向がある。進んだ技術社会では子供が子供である期間が長くなる傾向があり、それだけ教育の機会も増え、性格の発達にも差が生じる。

　家庭内でのごく幼児期の子育てはその社会の文化の特徴によってばかりではなく、親の能力や目標によっても影響を受け、また育児や教育の仕方のみならずその子供の持って生まれた能力にも左右される。同じ家庭に産まれた子供でも、能力および性格には大きなばらつきがあるのだ。

　育児に関する科学的な知識に基づいた本や、サンプルが少ないため信頼性には多少欠けるが、同じく子供を持つ友人や親戚と情報を交換することによって、親は子供の肉体的・精神的・社会的発達の標準がどこにあるかを知ることができる。

　だが、賢い親は、それぞれの家庭環境はまちまちであり、したがって厳密な意味で一般化できる決まりなどないことを認識するものだ。そういう親は一般的情報は意志決定や問題解決のための参考程度に使うにすぎない。たとえば言葉がなかなか出ないとか、歩くようにならないとか、うまく体をコントロールできないといったような問題に関して、何らかのヒントが必要になる場合がある。だが、もっと一般的な意味では、育児の問題はそれぞれの家庭内の人間関係の問題であり、第一に必要なことは両親が子供に対して一致した態度で臨めるような安定した情緒的環境である。

　親たちは全て、自由としつけの問題を解決しなくてはならない。子供が幼ければ幼いほど母親は子供をがっかりさせまいとして子供の言いなりになる傾向があ

る。母親は、もし子供がエネルギーのはけ口を失ったら、子供の成長が阻害されると知っているのだ。たとえば幼い子供は泥や砂、水遊びをする必要がある。子供はこの「ばっちい」けれどちゃんと触れて感じる段階を経て、はじめて本やおもちゃといったより物理的接触の少ない遊びへと移行していく必要がある。同様に、生涯を通じて、それぞれの段階は前の段階をきちんと仕上げてから進むべきものなのである。

【解　答】

1 ：(ロ)　(ニ)　(ト)
2 ：(1) (ハ)　(2) (ハ)　(3) (ニ)　(4) (イ)　(5) (イ)　(6) (イ)

【1 行解説】

1. (イ)第 1 段落第 1 文に一致。(ロ)第 1 段落第 3・4 文と矛盾。本文では「**up-bringing**＝家庭内でやること」「**education**＝学校でやること」と区別している。(ハ)第 2 段落第 1 文に一致。(ニ)第 2 段落に **more techonologically developed societies** に関する記述はあるが、そのどこをみても性格が **stronger** であるとは書かれていない。(ホ)第 3 段落第 1 文に一致。(ヘ)第 5 段落に一致。**less reliably** に注目。**or** の後ろに **less reliably** と書いてあるが、等位接続詞は前後を完全に切り分けるので、等位接続詞より後ろにあるものが前にかかっていく可能性はない。したがって、**less reliably** は **by comparing notes** という表現にかかることになる。(ト)第 6 段落第 2 文に矛盾。本文には **use general information** とあり、外部の情報を利用することを否定していない。(チ)第 6 段落第 4 文後半に一致。本文では、**being** を中心に置いた分詞構文で、**the first necessity being a secure emotional background** とある。(リ)本文にはこれに該当する記述がないが、選択肢が仮定法で書かれていることに注意。仮定法は「現実と反対」だから、このままの記述が本文になくても、「本文と反対」の内容が書いてあれば本文に一致すると言える。選択肢の内容をひっくり返すと、第 7 段落第 3 文、同じく第 4 文に一致すると分かる。(ヌ)本文最終文に一致。**each stage depends on the satisfactory completion of the one before.** において、**the one** は **stage** を指す。**depends**

on が左向きの矢印だから、本文は、

---

each stage $\Longleftarrow$ the satisfactory completion of the stage before

---

と図式化できる。これで、「前の段階がきちんと仕上がってから次へ」という流れが見える。

2：(1) every は「全て」ではない。「1つ1つ」である。**Every experience teaches**…だから、「1つ1つの経験が教える」のであり、それは当然積み上げられていくものだと分かる。(2) **not only A but also B** において、A と B には「一部が逆」になる関係がある。日本語でも「現役生だけでなく浪人生も」という言い方をするが、現役生と浪人生はどちらも「受験生」であるという共通点があり、かつ「過去に傷があるかどうか」という逆の面も持つ。本文では **upbringing and education** が「生まれた後にやること」であることを考えれば、**innate abilities** は「持って生まれた能力」になることが分かる。(3)単語の意味を考えるには、見かけも大切、というおハナシ。**ascertain** は **as-** をとると **certain** が残る。**assure** も…後は言うまでもあるまい。(4) **comparing notes** が前の **referring to books** と対応することに注意。**refer to**…には「…について語る」「…を参考にみる」という2つの意味があるが、後ろが **books** であること、**ascertain** という動詞につながることを考えると、この **referring to books** は「本を参考にみる」、すなわち「情報を得る」ことである。そこで選択肢の中から「情報を得る」に当たるものを捜す。(5)後ろに続く2つの文、特に **a child must be allowed to enjoy**…が手がかり。子供が…するのを「許されなくてはならない」ということは、「妨げるとダメになる」ということ。下線部は「子供がエネルギーのはけ口を持たないと」だから、「ダメになる」に当たる表現を探す。(6) **this stage** が前の文の **play with mud and sand and water** と同じであることに気づく必要がある。**need to play**…と **must be allowed to enjoy** の意味の同一性に注意。

〔1〕次の文を読み、下記の設問A・Bに答えよ。解答は解答用紙の所定欄にし
　　るせ。

In the 1780s George Robinson of the Row, the biggest publisher in London, had a reputation for commercial integrity and generous hospitality. Across the churchyard, Joseph Johnson maintained a friendly rivalry, Newcomers, many of them Scots and many with experience of other trades, were however now setting up away from St Paul's and challenging traditional *cartels and restrictive practices. Though rejected by colleagues, they delighted authors by finding markets unknown to their old-fashioned competitors (who burned excess stocks to keep prices up). As yet there was no clear distinction between publisher and bookseller —— the bookseller made the financial arrangements with the author, commissioned the printing, and sold the books both direct to the public and to the country booksellers.

James Lackington, who had started as a shoemaker, became rich by **pricing low and denying credit even to the wealthiest nobleman**. His "Temple of the Muses" in Finisbury Square, boasting half a million books always on sale, contained a selling space round the circular counter on the ground floor so large that he arranged for a stagecoach with its four horses to be driven round on opening day. Richard Phillips brought his experience of the **hosiery business to the selling of books. John Debrett of Piccadilly discovered a profitable market supplying ***genealogies to the aristocracy and the gentry. John Murray, a retired lieutenant of the Royal Marines, was able to sell extensively abroad. The Hookham family, with comfortable and welcoming premises in Bond Street, specialized in novels and light romances for town and country ladies.

The shops of the booksellers were centres of literary life. Politicians and men of fashion would call in to meet friends and pick up the latest books, pamphlets, and reviews. Authors and potential authors were welcome to hang about in search of ideas, gossip, introductions, contracts, and invitations. Robinson's reputation as a six-bottle men referred to the amount of wine he provided on his dining table. Johnson would introduce himself to strangers with the news that he dined at four o'clock. The booksellers' shops were the unofficial forerunners of the gentlemen's clubs which were to become such a feature of London life in the following century.

　*cartels：カルテル、企業連合　　**hosiery：靴下、下着などの洋品類
　***genealogies：家系図

A. 次の文1～6のそれぞれについて、本文の内容と一致するものは○、一致しないものは×の符号をマークせよ。

1. Newcomers took advantsge of their previous experiences in other trades to compete successfully with traditional publishers.
2. Some newcomers competing with their old-fashioned colleagues went so far as to burn excess stocks to keep prices up.
3. The different roles played by publishers and booksellers were clearly established.
4. One publisher used portable counters which were transported by horses.
5. The booksellers' shops became social centres for authors, but were ignored by people from other professions.
6. Bookshops played a role in the development of the gentlemen's clubs of the 19th century.

B. 文中の下線部を和訳せよ。

【全　訳】

　1780年代に George Robinson of the Row というロンドン最大の出版社がきれいな商売のやり方と面倒見の良さで評判であった。協会の広場を挟んで向かいに位置する Joseph Johnson 社とは、同業者として良好な関係にあった。だが、

その当時出版業界に新規参入をはかっていた業者たち、多くはスコットランド系で異業種の経験を持つ者たちだったが、この業者たちは従来の業者の協定関係や商売上の制約に異を唱えつつあった。旧来の業者からは締め出しを食ったものの、新規参入業者たちは旧来の業者（価格維持のために過剰在庫を燃やしてしまうことさえあった）が開拓してこなかった新たな読者層を開拓して文筆家たちを喜ばせた。それでも、当時はまだ出版社と図書販売業者との間に、明確な線引きは行われていなかった。というのは、その当時は図書販売業者が自分で著者と契約し、印刷を仕切り、できあがった本を直接、あるいは各地域の図書販売業者を通じて売りさばいていたのである。

　元は靴屋であった James Lackington は<u>低価格主義と、どんな資産家の貴族に対しても現金販売主義を貫くこと</u>で財をなした。Finsbury Square にあった彼の店 Temple of the Muses は常に 50 万冊の在庫を誇り、その円形のカウンターの周りに広がる売り場は、開店初日に 4 頭立ての馬車を仕立てて売り場を巡回させるほどの広さがあった。Richard Phillips は衣料品販売で培った経験を生かして図書業界に参入した。Piccadilly の John Debrett は貴族や郷士に家系図を提供するうまみのある商売を発掘した。帝国海軍の退役将校であった John Murray は本を海外に輸出することに成功した。Bond Street に居心地のいい店を出していた Hookham 一族は都会の、そして地方のご婦人向けに、小説や、軽めのロマンスを専門に扱っていた。

　当時は、本屋が文学の中心地であった。政治家や、流行に敏感な者たちが本屋で人と待ち合わせをし、最新の本・雑誌・批評の類を手に取った。作家として成功した者たち、またこれから作家になろうとする者たちは、本屋に出入り自由とされていて、そこで着想を得たり、情報収集や、ビジネスチャンスを求めていた。Robinson には、ワイン 6 本の男、というあだ名がついていたが、これは彼が食事時に提供するワインの本数のことであった。Johnson は、初対面の人に自己紹介をするときに、食事は 4 時ですよと伝えて回った。こうして本屋は非公式ながら、次の世紀にロンドン暮らしの大きな特徴となる紳士のクラブの先駆的存在だったのである。

【解 答】

A　1．○　2．×　3．×　4．×　5．×　6．○
B　=全訳参照

【1行解説】

A：各選択肢であらかじめ目を付けておくべき表現は次の通り。1．**experiences in other trades**　2．**burn excess stocks**　3．**publishers and booksellers**　4．**portable counters / horses**　5．**social centres**　6．**the gentlemen's club of the 19th century** この状態で本文を読むと、

1．第1段落第3・4文に一致。特に第4文の delighted　authors　by　finding market…では、「新たなマーケットを開拓して成功した」という事実が浮かび上がる。

2．第1段落第4文のかっこ内に矛盾。本文では burn　excess　stocks したのは old-fashioned competitors であって newcomers の方ではない。

3．第1段落第5文と矛盾。本文には no clear distinction とあり、選択肢の The different roles…were clearly established とは全く正反対である。

4．第2段落第2文に矛盾。本文ではこの文にのみ counter という言葉が登場するが、それは circular なだけであって portable とは書かれていない。

5．第3段落第1文に選択肢の一部が一致するが、第3段落第2文とは明らかに矛盾する。第2文には Politicians などが本屋に集まってきたとあるので、それは **were ignored by people from other profession** と明らかに逆である。

6．第3段落最終文に一致。第1段落にまず1780という年号がある。これは18世紀である。本文から分かる具体的な時代に関する記述はこれだけである。次に本文最終文を見ると、gentlemen's club が the following century に feature of London life になったとあるが、the following は the next と同じ意味なので、19世紀でよいと分かる。

問 題 6 　('97　東京大学)

次の英文を読み、以下の設問に答えよ。

As soon as he saw Benjie, Ezzie got up and said, 'Hey, what happened? Where'd you go after school?'

Benjie said, 'Hammerman's after me.'

Ezzie's pink mouth formed a perfect O. He didn't say anything, but his breath came out in a long sympathetic sigh. Finally he said, 'Marv Hammerman?' even though he knew there was only one Hammerman in the world, just as there had been only one Hitler.

'Yes.'

'Is after you?'

Benjie nodded, sunk in misery. He could see Marv Hammerman. He came up in Benjie's mind (1)＿＿ monsters do in horror movies, big and powerful, with the same cold, unreal eyes. It was the eyes Benjie really feared. One look from those eyes, and you knew you were his next victim.

'What did you do?' Ezzie asked. 'Or did you do anything?'

At least, Benjie thought, Ezzie understood that. If you were Marv Hammerman, you didn't need (2) **a reason**. He sat down on the steps and looked down at his feet. 'I did something,' he said.

'What?' Ezzie asked. 'What'd you do? You bump into him or something?'

Benjie shook his head.

'Well, what?'

Benjie said, 'You know that big chart in the upstairs hall at school?'

'What'd you say? (3)＿＿, Benjie. You're muttering.' Ezzie bent closer. 'Look at me. Now what did you say?'

Benjie looked up, and said, 'You know that big chart outside the history room? In the hall?'

'Chart?' Ezzie said blankly. 'What chart, Benjie?'

'This chart takes up the whole wall, Ez, how could you (4)___ it? It's a chart about early people, and it shows human progress up from the apes, the side view of all those different kinds of prehistoric people, like Cro-Magnon man and *Pithecanthropus*. That chart.'

'Oh, yeah, I saw it. So?'

Benjie could see that Ezzie (5)___ the good part, the violence. His shoulders dropped. He wet his lips. He said 'Well, when I was passing this chart on my way out of history — and I don't know why I did this — I really don't. When I was passing this chart, Ez, on my way to math —' He swallowed several times. 'When I was passing this chart, I took my pencil and I wrote Marv Hammerman's name on the bottom of the chart and then I drew an arrow to the picture of Neanderthal man.'

'What?' Ezzie cried, 'What?' (6a)**He** could not seem to take it in. Benjie knew that Ezzie had been prepared to sympathize with an accident. (6b)**He** had almost been the victim of one of those himself. One day at school Ezzie had reached for the handle on the water fountain a second ahead of Marv Hammerman. If Ezzie hadn't glanced up just in time, seen Hammerman and said quickly, '(7)___ ahead, I'm not thirsty,' then this unhappy figure on the steps might be (6c)**him**. 'What did you do it for, Benjie?'

'I don't know.'

'You crazy or something?'

'I don't know.'

'Marv Hammerman!' Ezzie sighed. It was a sorrowful sound.

'(8) **Anybody else in the school would have been better**. I would rather have the principal after me than Marv Hammerman.'

'I (9)___.'

'Maybe Hammerman doesn't know you did it though.' Ezzie said. 'Did you ever think of that? I mean, who's going to go up to Hammerman and say his name is on the prehistoric chart?' Ezzie leaned forward. '*Hey Hammerman*,' he said, imitating the imaginary fool, '*I saw a funny thing about you on the prehistoric chart !* Now, (10)**who in their right mind is going to —**'

'He was (11)**right** behind me when I did it,' Benjie said.

'What ?'

'He was right behind me,' Benjie said stiffly. He could remember turning around and looking into Hammerman's eyes. It was such a strange, troubling moment that Benjie was unable to think about it.

(1) 下線部(1)に入れて意味が通る語句を次のうちから<u>すべて</u>選び、その記号を記せ。

　　ア as　　イ how　　ウ just　　エ the way

(2) 下線部(2)の **a reason** とは、誰が何をする理由か。日本語で述べよ。

(3) 下線部(3)を埋めるのに最も適当な文は、次のうちどれか。その記号を記せ。

　　ア I can't even see you　　　　イ I can't even hear you

　　ウ I'm not even looking at you　　エ I'm not even listening to you

(4) 下線部(4)を埋めるのに最も適当な語は、次のうちのどれか。その記号を記せ。

　　ア lose　　イ miss　　ウ notice　　エ view

(5) 下線部(5)を埋めるのに、最もふさわしいように次の語を並べかえよ。与えられた単語はすべて、それぞれ一度ずつ使うこと。

　　eager　　for　　get　　him　　on　　to　　to　　was

(6) 下線部(6a)、(6b)、(6c) は、**Ezzie**、**Hammerman**、**Benjie** のうちの誰を指すか。**Ezzie** を指すものは **E**、**Hammerman** を指すものは **H**、**Benjie** を指すものは **B** と記せ。

(7) 下線部(7)を埋めるのに最も適当な語は、次のうちのどれか。その記号を記せ。

　　ア be　　イ go　　ウ look　　エ make　　オ see

(8) 下線部(8)の内容に最も近いものは、次のうちのどれか。その記号を記せ。

　　ア Somebody elso should be chased by Hammerman.

　　イ Chasing Hammerman is as bad as chasing the principal.

　　ウ Hammerman is the worst person in school that can be after you.

　　エ You are the worst person in school for Hammmerman to be after.

(9) 下線部(9)を埋めるのに最も適当な語は、次のうちのどれか。その記号を記せ。

142

ア do　イ know　ウ see　エ think

⑽ 下線部⑽で、**going to** のあとを次のような形で補うとすれば、空所にどのような語を入れればよいか。最も適当な英語1語を記せ。

who in their right mind is going to (　　) him that?

⑾ 下線部⑾の **right** に最も近い意味の **right** を含む文は、次のうちのどれか。その記号を記せ。

ア Did I do it right this time?

イ His turn came right after mine.

ウ Turn right at the next traffic light.

エ Now it's impossible to put things right.

【全　訳】

　Benjie を見かけると、Ezzie は立ち上がっていった。「やあ、どうしたんだ？放課後どこに行ってたんだ？」

　Benjie はいった。「オレ、Hammerman に追われてるんだ。」

　Ezzie はびっくりして、思わず口をまんまるにした。彼は何も言わなかったが、いかにも同情に堪えない、というふうに長いため息をもらした。そしてついに彼は口を開いた。「それは Marv　Hammerman のことか？」もちろん世界に Hitler が1人しかいないのと同じように Hammerman といえば1人しかいないことを彼は十分承知していたのだが。

「そう」

「ヤツが君を追ってるって？」

　Benjie はうなずいて、情けない気分に沈んだ。彼の目には Marv　Hammerman が見えているのだ。まるでホラー映画の怪物のように、大きく、強く、そしてこの世のものとは思われない冷たい目つきをして、Hammerman は彼の頭からこびりついて離れないのだ。Benjie が特に怖がっているのはその目つきだ。その目で見据えられたとたんに、もう逃れられないということを知るのだ。

「いったい何したんだ？」Ezzie は聞いた。「いや、そもそも何かしたのか？」

　少なくとも Ezzie には分かっているんだ、と Benjie は思った。Marv　Hammerman には、理由などいらない。彼は階段に腰掛けて足下を見下ろし、言った。「やっちゃったんだよ」

「何を？」Ezzie は聞いた。「何をしでかしたんだ？　出会い頭にぶつかったりでもしたのか？」

　Benjie は首を振った。

「じゃあ、何だよ」

　Benjie は言った。「学校の２階の廊下にある大きな図表を知ってるだろ？」

「何だって？　よく聞こえないよ。なんだかぼそぼそ言ってるぜ。」Ezzie は Benjie の方に身を寄せた。「おい、こっちを見ろよ。で、なんて言ったんだ？」

　Benjie は顔を上げて言った。「歴史の教室の外に張ってある大きな図表を知ってるだろ？　廊下の？」

「図表だって？」Ezzie は訳が分からないまま言った。「何の図だよ、Benjie」

「何言ってんだよ、知らないわけないだろ。壁一面に張ってあるでっかい図表だぜ。昔の人類に関するもので、人間が猿から進化していく様子が、様々な先史人類、たとえばクロマニョン人だとか、ピテカントロプスだとかさ、を横から見て描いた絵を並べて示してあるやつだよ。」

「ああ、あれね。で、それがどうしたんだ？」

　Benjie には、Ezzie が話のいいところ、つまり殴られたりする場面を心待ちにしていることが分かった。彼は肩を落とし、唇をなめ、そして言った。「いや、その、ちょうど歴史の授業が終わってその図表の前を通りかかったとき…ああ、オレ何であんな馬鹿なことしたんだろう。自分でも訳が分かんないよ。次の数学の授業に行こうと、そこを通りかかったときに…」彼は何度もつばを飲み込んだ。「その時な、ふと鉛筆を取り出してその図の下の方に Marv Hammerman の名前を書いて、そこからネアンデルタール人の絵に向かって矢印を書いたんだ」

「何？」Ezzie は叫んだ。「何だって？」彼にはその意味が飲み込めなかった。Benjie には、Ezzie がはじめから、どんな出来事であれそれに同情してくれるつもりであったことが分かっていた。ある日学校で、Ezzie が水を飲もうとして水道に手を伸ばすと、そのすぐ後ろから Marv Hammerman も同じように水を飲もうとしていた。あのときほんの一瞬早く顔を上げて、「お先にどうぞ。僕はのど乾いてないんだ」ということができたからよかったようなものの、もしそうで

144

なかったらかわいそうに今いじめられているのは Benjie ではなく Ezzie 自身だった可能性もあるのだ。「何でまたそんなことしたんだよ？」

「分からない」

「どうかしちゃったんじゃないのか？」

「分からないよ」

「Marv Hammerman ねぇ」Ezzie はため息混じりに言った。その声は妙に悲しげであった。「あいつは最悪だな。あいつにねらわれるくらいなら、校長先生につけねらわれた方がいいや。」

「分かってるよ」

「でもさ、Hammerman はおまえがそれをやったって知らないかもしれないじゃないか」Ezzie は言った。「そのことは考えてみたのか。つまりさ、いったい誰がわざわざ Hammerman のところに名前が先史時代の図表に載ってるよ、なんてご注進に及ぶと思う？」Ezzie はちょっと前屈みになると、間抜けな学生のまねをして見せながら言った。「『よう、Hammerman、歴史の図表の中にさあ、あんたについて面白いことが書いてあるぜぃ。』ふん、どこの馬鹿がそんなことをすると思って…」

「あいつはそのときちょうどオレのすぐ後ろにいたんだ」Benjie は言った。

「なんだって？」

「やつはオレのすぐ後ろにいた」Benjie はこわばったようになって言った。彼が振り返ると Hammerman と目があったことを思い出していた。とても Benjie には考えることもできないほどはじめての、恐ろしい瞬間だった。

【解　答】

(1) ア・エ　(2) Hammerman が誰かをつけねらう理由　(3) イ　(4) イ
(5) was eager for him to get on to　(6) (6a) E　(6b) E　(6c) E　(7) イ
(8) ウ　(9) イ　(10) tell　(11) イ

【1行解説】

　いつものことだが、東大の出題する小説は面白い。これは単に小説として話が

面白いというだけではなく、小説を読むときに諸君が陥りやすい罠を典型的に仕掛けてくる、という点で面白いのだ。小説、というとどうしても印象だけの恣意的な読解になりがちである。だが、語学の試験である以上、小説と言えど「書かれた言葉だけを忠実に読む」ことが重要であることはいうまでもない。諸君の中には「小説の読解＝想像力」というような怪しげな図式ができあがっているため、このような単純な原理さえ見落としてしまう人がいるようだ。どのような種類の文章であれ、「客観的な意味」が問題とされている以上、読み方に変わりがあろうはずはない。ただ、1つ小説特有の問題点を指摘しておけば、はじめの方だけ読んでも、話の全体像が見えない、特に人物関係や、その話の中で問題になっている事柄が見えにくい、ということが多い。そういう場合、「分からないことは分からないままにする」という姿勢が肝要である。迂闊な「想像力」に頼ってありもしないことを空想しても、道を踏み外す確率が高くなるだけでいいことはないのだ。

(1) 単純な文法問題。動詞が2つ（came up, do）で接続詞が1つ必要、という事実から、接続詞でない just は除外。came が自動詞であることから、空所以下の節は M になる。これで、名詞節しか作らない how は除外。as は様態で前後が同じ形になるため、後ろの do が come up の代わりだと特定できる。これは正解。さらに M になる場合 the way SV＝as SV（様態）だから、the way も正解となる。

(2) Hammerman's after me（Benjie のせりふ）を受けて、What did you do?（Ezzie のせりふ）と尋ねているのだから、当然「なぜ Hammerman が Benjie を追っているのか」を尋ねていることになる。それを尋ねられた Benjie が頭の中で考えていることが下線部だから、それが「何の」理由であるかは明らかである。

(3) 直前の Ezzie のせりふ "What'd you say?" および、直後の Ezzie の行動、Ezzie bent closer、特に closer に注目。「なんて言ったのだ？」と尋ね、近づくという行動をするということは「聞こえなかった」のである。

(4)「どのチャートだ？」と問われた Benjie の返事。直前の This chart takes up the whole wall に注意。「壁一面を占める」ほど大きいのだから、「見逃すはずはない」である。

(5) 単純な文法的並べ替え。〈be〉eager to V「V したがる」と get on to…「次に…に進む」は有名な熟語。問題は〈be〉eager の主語は Ezzie であるが、話を次に進めるのは Benjie にしかできないことだ、という事実である。準動詞の意味上の主語が全体の主語と食い違う場合、主語は書かなくてはならない。to V の場合、意味上の主語の前には for がつくから、for him to go on to とする。

(6) それぞれ普通通りに考える。問題が 3 つあって解答の可能性が 3 人（Ezzie、Benjie、Hammerman）いるからといって、割り振ったりしてはいけない。3 つとも同じ答えになる可能性だってあるのだ。(a)は直前で Ezzie が "What ?" と叫んでいることが決め手。つまり Ezzie にははじめ話が「理解できなかった」のだ。take in には「理解する」という意味がある。(b)では almost be a victim という表現、特に almost V に注意。これは「ほとんど V するところ」であり、実は V してはいないのである。つまり「危うく Hammerman の餌食になるところ」だったといっているのだ。すると Hammerman 自身は Hammerman の餌食にはならないから×、Benjie は実際に餌食になっているので×。Ezzie だけは餌食になっていないのだ。(c)は仮定法を正しく理解しないといけない。this unhappy figure might be him には、助動詞の過去が使われており、しかも条件節は If Ezzie hadn't glanced…and said…と had Vp.p で書かれているため、この部分は明らかに仮定法である。つまり「もし Ezzie が glance して say しなかったら」というのは、実際には Ezzie が glance して say した、という事実を前提としているのだ。すると this unhappy figure might be him の him が何を指すかは明らかである。もちろん this unhappy figure 自体は Benjie を指している（今ひどい目にあっているのは Benjie である）。だが、him は Benjie ではない。仮定法では事実に反することを書かなくてはならない。Benjie は今「事実」かわいそうなのであって、実際に今「かわいそうでない」のは Ezzie の方である。この文では「もし Ezzie が glance して say していなかったら、ひどい目に遭っている人間（the unhappy figure）は（現実の）Benjie ではなく Ezzie の方だったかもしれない」と言っているのだ。

(7) これは簡単。ahead は副詞だから他動詞の make や see は使えない。内容面で重要なのは、直前にある Ezzie had reached for the handle on the water fountain a second ahead of Marv Hammerman、なかでも Ezzie…ahead of

Marv　Hammerman というくだりである。つまりはじめの位置関係は Ezzie が Hammerman「より先」にいたのだ。その Ezzie が Hammerman に向かって（　　）ahead といったのだから、当然「先に飲め」と言ったのだ。より広い言い方をすれば、先に行動していい、と言ったことになる。be と look は飲むという動作には当たらない。

(8) **would have been** によって示された仮定法に気づくことが大切。そこで条件を探すと Anybody の Any が「どんな…でも」だから、これが条件、つまり「どんなやつでも better だ」と言っているのだ。また better は比較級だから、than 以下を補う必要があるが、Anybody という「人間」と比較できて、しかも下線部のせりふとつながる部分にある人物といえば、それは下線部直前の Ezzie のせりふ 'Marv Hammerman !' しかない（地の文は挟まっているが、ひと続きのせりふであることに注意）。つまり「どんなやつでも Hammerman よりはましだ」＝「Hammerman は最悪だ」になる。

(9) 慣れだけで解いていると意外と罠にはまりやすい。文法的に無意味なのは、think である。これは自動詞なので、ここだけで文が完成してしまうが、それでは「何を」「どう」考えているのかが全く分からない。こういうところで「前のせりふが省略されてるんじゃないの？」と考えるのは文法を無視したご都合主義である。確かに、think には他動詞もあるが、自動詞も一般的なため、もし他動詞の think の目的語を省略した形を作るなら、せめてその think は目的語を持つものですよ、という事実だけは明示しておかなくてはならない。**think** は目的語には **that** 節しかとらない（〈**SVO**〉文型の場合）ので、目的語を省略形で書くときは it や that のような単純な代名詞ではなく、so を使って書く。つまり他動詞の think を目的語を割愛した形で書くのなら、I think so, と必ず so が入るのだ。それがない、ということは、think は自動詞でこれだけで完成しているはずで、はじめに指摘したように意味の分からない文になる。それ以外の選択肢は基本的に他動詞しかないので、何も書かなくても自動的に目的語の省略が想定できるのだ。では think 以外の選択肢について検討しよう。すでに、どの選択肢を入れても後ろには省略があるという説明をしたが、会話では省略されているのは直前の相手のせりふ以外にないから、あらかじめ補っておくと I（　　）Anybody would have been better (than Hammerman)…が正しい形である。つまり

「Hammerman は最悪だ」という事実に対する Benjie の見解が示されているの
だ。したがって do はあり得ない。いわゆる「する」という do は論外（見解を
示せない）だし、代動詞にしたくても、直前の Ezzie のせりふに「見解」を示す
動詞がないので、代動詞は使えないのだ。さて、最後に see と know の選択であ
る。意味の違いを簡単にいえば、I see は「分かった」で「そのとき理解した」
ことを示すのに対し、I know は「分かっている」で「前から知っている」こと
を示す。これは see が動作、know が状態、という動詞の種類から来ているずれ
であって習慣の問題ではない。この話においては、最初から Benjie はひどくお
びえているわけで、ここで Ezzie に言われる前から「Hammerman に追われる
のは最悪だ」ということは知っていたと考えられる。したがって、そのとき知っ
たという意味の I see ではなく、I know を選ぶことになる。

⑽ これは単に同じ形の反復を問う問題。直前の Ezzie のせりふに Who's going
to…say…? とある。したがって say と同じ意味の動詞を空所に入れればいいの
だが、解答は say ではなく tell である。これは say と tell の語法上の違いから
来るものである。say は目的語に「人」をとらないが tell は目的語に「人」をと
って〈SVOO〉文型を作る。空所の後に him that とある以上、say は使えない
のだ。

⑾ 本文の right は副詞で behind me にかかっている。「すぐ後ろ」という強調の
働きをしているのだ。同じ働きをしているのはイだけである。アは「きちんと」
という副詞、ウは「右に」という副詞、エは「適切な」という形容詞（put は
〈SVOC〉）である。

問 題 7 （'97　慶応大学環境情報学部）

　次の文章に関して、空所補充問題と読解問題の二つがあります。まず［1］か
ら［20］の空所を埋めるのに、文脈的に最も適切な語を1から3の中から選び、
その番号を解答欄（IA）に書き入れなさい。次に、内容に関する設問には1か
ら4の選択肢が付されています。そのうち文章の内容から見て最も適当なものを
選び、その番号を解答欄（IB）に書き入れなさい。

　A month ago I happened to turn on the TV to find something I remembered
with admiration, affection, and respect; I refer to Kubrick's science fiction
film *2001: A Space Odyssey*.　After watching it again with friends, we all
agreed it was a disappointment.

　The film, which had stunned us a generation ago with its extraordinary
technical and figurative invention, now seemed to repeat wearily things we
had seen a thousand times before.　The drama of the paranoid computer still
maintains its tension, though it ［1］(1. still　2. no longer　3. nonetheless)
seems amazing; the beginning with the monkeys is still a fine piece of cinema,
but those non-aerodynamic spaceships are now no more than the discarded
plastic toys of yesteryear.

　And yet we ［2］(1. considered　2. are considering　3. had considered)
Kubrick an innovator of genius.　But that is the point; the media have a
history but they have no memory (two characteristics that ought to be incom-
patible).　The mass media are genealogical because, in them, every new
invention sets ［3］(1. off　2. out　3. on) a chain reaction of inventions and
produces a sort of common language.　They have no memory because, when
the chain of imitations has been produced, no one can remember who started
it, and the head of the clan is confused with the latest great grandson. ［4］(1.
Therefore　2. In contrast　3. Furthermore), the media learn; and thus the
spaceships of *Star Wars*, descended from Kubrick's, are more complex and
plausible than their ancestor, and now the ancestor seems to be their ［5］(1.

imitator   2. origin   3. model).

It would be interesting to inquire why this process does not occur in the traditional arts, to ask why we can still understand that Rembrandt is better than his imitators. It could be said that in the mass media it is not invention that dominates, but technical execution, which can be imitated and perfected. But that isn't the whole story. For example, Wenders' film *Hammett* is technically much more sophisticated than Huston's classic *The Maltese Falcon*, and yet we follow the former with interest and the latter with religious devotion. In other words, a system or a horizon of expectations operates in us, the audience. When Wenders is as old as Huston, will we perhaps see his work with the same emotion? I'm not up to [6] **(1. be able to handle   2. handle   3. handling)** here such tough questions. But I believe that a certain innocence that we will always enjoy in *The Maltese Falcon* is already lost in Wenders. Wenders' film, unlike the *Falcon*, already moves in a universe where the lines are blurred, where it is hard to say that the Beatles are alien to the great musical tradition of the West, and where comic strips enter museums via pop art and museum art enters comic strips.

So much for the difference between the media and the traditional "high" arts. What about the way we deal with material goods? Our relationship with mass-produced goods has changed as it has with the products of "high" art. Differences have been [7] **(1. induced   2. reduced   3. produced)**, or erased; but along with the differences, temporal relationships have been distorted. Scholars may still be [8] **(1. ignorant   2. unconscious   3. aware)** of them, but not the ordinary consumer. We have achieved what the culture of the 60s was demanding, that there should not be one set of products for the masses and, other, more difficult products for the cultivated, [9] **(1. responsive 2. renowned   3. refined)** public.

Our relationship with the mass media has also changed. We must learn new instruction on how to [10] **(1. react   2. refer   3. return)** to the mass media. Everything that was said in the 60s and 70s must be reexamined. Then we were victims of a model of the mass media based on the relationship with authority, a centralized transmitter, with precise political and pedagogical plans. The messages were sent through recognizable technological channels such as TV, radio, and the magazine page, to the victims of ideological indoctrination. We [11](1. could 2. would 3. might) only have to teach the addressees, we thought, to "read" the messages, to criticize them, and perhaps we would attain the age of intellectual freedom and critical awareness.

Radio and television today send out countless, uncontrollable messages that each individual uses to make up his own composition with the remote control switch. The consumer's freedom may not have increased, but surely the way to teach him to be free has changed. We are faced with a new phenomenon; the multiplication of the media and "media squared."

What is a mass medium today? Let's try to imagine a not so imaginary situation. A company produces polo shirts with an alligator on them and advertises them. A [12](1. member 2. generation 3. character) begins to wear the polo shirts. Each consumer of the polo shirt advertises, via the alligator on his chest, this brand of polo shirt (just as the owner of a Toyota is an unpaid, and paying, advertiser of the Toyota line and the model he drives). A TV broadcast, to be faithful to reality, shows some young people wearing the alligator polo shirt. The young (and the old) see the TV broadcast and buy more alligator polo shirts because they [13](1. have 2. take 3. give) "the young look."

Once again, what is a mass medium? Is it the newspaper advertisement? The TV broadcast? The polo shirt? Here we have not one but two, three, perhaps more mass media, active [14](1. with 2. from 3. through) different channels. The media have multiplied, but some of them act as media of media, or in other words media squared. And at this point who is sending the message? The manufacturer of the polo shirt? Its wearer? The person who talks about it on the TV screen? Who is the producer of ideology? And what is the polo shirt manufacturer trying to say? What does the wearer want to say? [15](1. As   2. To   3. In) a certain sense the meaning of the message changes according to the channel under consideration, and perhaps also its ideological weight.

And what about authority? Do we perhaps identify authority with the designer who had the idea of inventing a new polo shirt design, or with the manufacturer who decided to sell it, and to sell it on a wide scale, to make money? Or with those who legitimately agree to wear it, and to advertise an image of youth and recklessness, or happiness? Or with the TV director, who has one of his young actors wear the polo shirt to characterize a generation? Or with the singer who, to cover his expenses, agrees to sponsor the polo shirt? All are in it, and all are outside it. Power is elusive, and there is no longer [16](1. any   2. some   3. all) telling where the "plan" comes from. There is a plan, but it is no longer intentional. Therefore, it cannot be criticized with the traditional [17](1. critic   2. criticism   3. critics) of intentions. All the professors of communication, trained by the texts of twenty years ago (this includes me), should be pensioned off.

Another example. There is nothing more private than a telephone call. But what happens when someone hands over to an investigator the tape of a private phone call which is then leaked by someone in the government to the newspapers so that the newspapers will [18](1. print   2. talk   3. publish) about it, and thus compromise the investigations? Who produced the message (and its ideology)? The person who spoke over the phone? The one who taped it? The police investigator? The newspaper? Or perhaps the reader who passed it on to a friend with no idea how all this happened?

Times have changed. It used to be that we could blame the media for everything. There was a guilty party. [19](1. Again   2. Because   3. Then) there were the virtuous voice that showed us who the criminals were. Art offered alternatives for those who were not prisoners of the mass media. Those days are gone forever and we have to start again from the beginning, asking one another what's going [20](1. on   2. to happen   3. to be happen-

ing).

[1] When the author says that the media are "genealogical," he means that the media

1. have characteristics that are incompatible.

2. have no memory.

3. constantly invent new technologies.

4. contain their own history.

[2] The author evaluated _2001_ differently from the traditional arts because he believes that

1. traditional arts used to produce imitations better than the original.

2. art in modern times has changed the concept of originality.

3. the spaceship technology in _2001_ is more sophisticated than that in other films.

4. we have lost the ability to produce great art.

[3] According to the author, we have to reexamine everything that was said in the 60s and 70s because

1. what people demanded in the 60s and 70s has largely been achieved.

2. there is a change in the nature of the media itself.

3. we have new authorities and new political plans.

4. we are not victims of indoctrination any more.

[4] The thing that the polo shirt and the Toyota have in common is that

1. they have the same kind of consumers.

2. their appeal is in the way we learn to "read their messages."

3. their consumers are also their advertisers.

4. they have replaced earlier forms of media.

[5] "Media squared" refers to

1. the fact that media can portray other media.

2. media's relationship to authority.

3. the question of free advertising.

4. the increased number of television channels.

[6] **When the author says, "All are in it, and all are outside it," he is referring to:**

1. the media.
2. advertising.
3. ideology.
4. authority.

[7] **An analogy to the singer mentioned in this essay might be**

1. a TV director who tells his actors what to wear to characterize a generation.
2. a manufacturer who makes polo shirts for money.
3. an Olympic runner in Nike shoes.
4. an opera star who appears on television.

[8] **The author suggests that people like himself should retire because**

1. their understanding of things no longer applies.
2. criticism is no longer useful in modern times.
3. his generation no longer has plans for the future.
4. they have too much power.

[9] **According to the author, the trouble with art is that it**

1. is no longer the voice of the virtuous.
2. can no longer be separated from the media.
3. appeals only to those who don't watch TV or listen to the radio.
4. has disappeared and must be reinvented.

[10] **Which one of the following statements does not reflect the author's opinion ?**

1. Art since the 1960s has given way to consumerism.
2. Messages today all tend to be ideological.
3. It is no longer possible to pinpoint the source or receiver of a message with precision.
4. It has become easier to trace the source of a message to people with

power.

【全　訳】

　一月ほど前、私がたまたまテレビをつけると、かつて敬愛した番組を放映していた。それはキューブリックのＳＦ映画「2001年宇宙の旅」であった。それを再び友人とともに見て、我々はそれが実にちゃちな映画であることを認めざるを得なかった。

　30年ほど前、我々はその映画の尋常ならざる技術的・芸術的斬新さに驚嘆したものであったが、今改めてそれを見直してみると、これまで何回も見せられた陳腐な映像の繰り返しに見えたのである。異常を来したコンピューターの物語そのものは、現在では驚異的とは言えないものの、それなりの緊張感を維持している。出だしのシーンに猿を起用しているところは、今でもそれなりの見物だが、空気力学的にナンセンスな宇宙船の数々は、さしずめ年代物のプラモデルにしか見えない。

　それでも我々は、かつてはキューブリックは天才的なイノベーターだと考えていたのだ。だが、実はそれこそが肝心な点なのである。メディアには歴史はあれど記憶はない（歴史と記憶はもちろん相容れないものである）。メディアに歴史があるというのは、新しい発明が次々とさらなる発明を生みだし、いわば共通言語を作り出すからだ。メディアに記憶がない、というのは、一度模造品が次々作られると、誰がオリジナルを作ったのかを皆が忘れてしまう上に、最新の技術にこそ最高の栄誉が与えられるからである。しかも、メディアは学習する。こうして、「スターウォーズ」に登場する宇宙船は、キューブリックの宇宙船から発展したものなのに、それよりもずっと複雑でよくできており、今見るとキューブリックの宇宙船の方が模造品に見えてしまうのである。

　同じことがなぜ旧来の伝統芸術に起こらないのか、なぜ我々はレンブラントが彼をまねした多くの画家よりも優れていると今でも理解しているのかを考えると興味深い。もしかしたら、マスメディアにおいては、大切なのは創造ではなく、技術をただ使うことなのかもしれない。そして、技術はまねすることも、より洗練してよいものに変えることも可能なのである。だが、どうもそれだけではない

らしい。たとえば、Wenders の Hammett という映画は Huston の古典的名作である The Maltese Falcon よりも技術的には洗練されているものの、我々は Hammett は娯楽的興味を感じ、The Maltese Falcon には宗教的慈愛を感じる。言いかえれば、我々観客の側に、作品に何を期待するかというしきたりというか枠組みのようなものが存在するのだ。Wenders の年が Huston と同じになった頃に、我々は Wenders の作品に Huston の作品に現在抱いているようなことを感じるようになるのだろうか。このような難解な問いに答えるには、私は役不足である。だがそれでも、The Maltese Falcon の中にあるある種の清澄さが Wenders にはすでにないように思う。Wenders の映画は、the Falcon と異なり、すでに境界線の曖昧になった、つまりビートルズが伝統的な西洋音楽とは全く異質だとは言い切れない、さらに漫画がポップアートに変じて美術館に入り、美術が漫画の世界に入り込んでいる世界に踏み込んでいる。

メディアと「高級」芸術の違いについてはこれくらいにしよう。では我々がモノと接するやり方についてはどうか。大量生産品と我々との関係は我々と「高級」芸術品との関係と同じように変化している。その両者の違いは減ったか、あるいはなくなっている。だが、違いとともに、モノとの一時的関係も見えにくくなっている。学者たちの中には今だにそのような関係を意識している者もいるが、一般の消費者はもはやそういうことに気づいてさえいない。我々は、大衆向けにはある一種類のモノを、そしてもっと文化的で洗練された人にはより高度なモノをという分離状態を脱するという、60 年代の文化が求めていたことをすでに達成しているのだ。

我々のマスメディアとの関係もまた変化した。どのようにマスメディアをとらえるべきかを我々はもう一度新しく考え直さなくてはならない。60 年代、70 年代に言われていたことは再検証が必要である。当時は我々は権威とのつながりを持ち、政治的で、先導的な計画を持つマスメディアという上意下達機関が送り出す情報を一方的に受け止める側であった。そのメッセージはテレビやラジオなどの分かりやすい技術的媒体や、雑誌などによって思想的に教え導くべき対象に向けて送り出されていた。そのメッセージを読み批判するためには、ただ住所さえ教えればいい、と我々は思っていたし、それで知的に自由で批判的意識を持つ時代に達するのだと信じていた。

　ラジオとテレビは今でも数え切れないほどの無秩序な情報を垂れ流していて、我々は各自リモコンを使って、その情報を使い自分の考えを形作っている。消費者の自由は特に増えたというわけではないが、消費者に自由になることを教える方法は確実に変化した。我々は今、メディアの複合化、メディアの2乗化という現象に直面しているのだ。

　現在のマスメディアとは何か。幾分現実的な状況を想像してみよう。ある会社がワニの図柄の付いたポロシャツを売り出してそれを広告するとしよう。ある世代がそれを着始める。するとそのポロシャツを着ている消費者は、その人自身、胸についたワニの図柄でそのポロシャツを宣伝していることになる（これはちょうどトヨタの車に乗っている人が、一銭ももらわないのに、それどころか金を払ってまで、トヨタというブランドと自分の乗っている車種とを宣伝しているのとよく似ている）。あるテレビ番組が、現実を報道しようとして、若い人がワニの柄の付いたポロシャツを着ている姿を放映する。若い人（そうでない人も）はその放送を見て、そのポロシャツのもつ「若々しさ」を好ましく感じてますますそのポロシャツを買う。

　そこで再び問おう。マスメディアとは何か。新聞広告だろうか。テレビの放送だろうか。それともポロシャツそのものか？　おそらくここには1つではなく、2つ・3つ、いやそれ以上の数のマスメディアが、それぞれ違う経路で働いていると言えるだろう。こうしてメディアは複合化したが、中にはメディアのメディア、つまりメディアの2乗の働きをしているものもみられる。では、この場合メッセージの送り手はいったい誰か。ポロシャツを作った衣料メーカーか、着ている人か？　テレビでこのポロシャツを取り上げたナレーターか？　メッセージの内容を作り出したのは誰か？　そして、そもそもポロシャツを作った衣料メーカーが伝えたいこととは何だろう？　着ている消費者が言いたいことは？　ある意味で、メッセージの意味はそれを伝達している媒体によって変わるし、それはそのメッセージの持つ内容的重みにしても然りである。

　そして、権力の在処についてはどうだろう。権力はポロシャツの新しいデザインを思いついたデザイナーにあるのか、それを売ると決めた経営者にあるのか。あるいはそれを着てもいいと思った、それによって若い、危なっかしい、幸せといったイメージを宣伝してもいいと考えた人たちにあるのだろうか。あるいはあ

る世代の特徴を出すために、ドラマの登場人物の一人にそのポロシャツを着せたテレビのディレクターにあるのか。あるいは、出費をカバーするためにポロシャツを着て宣伝することに同意した歌手にあるのか。その全てに権力があるとも言えるし、どれにも権力がないとも言えるのだ。権力自体がとらえどころのないものになっており、もはや「企画」自体どこから来たのかさえ分からなくなっている。「企画」自体はあるにはあるが、それはもはや意図的なものでさえなくなっている。したがって、いわゆる「意図を批判する」という昔からよくあるやり方でその「企画」を批判すること自体ができなくなっている。コミュニケーション学の教授連中は、私もふくめてだが、20年も前のテキストでこの学問を習い覚えたのだから、もはや時代遅れであり、即刻引退すべきなのだ。

　もう1つ例を挙げよう。電話というのは最も私的なコミュニケーションである。だが、もし誰かが私用電話を録音したテープを警察に渡し、それが新聞に漏れて新聞がそれを公表して、捜査に支障を与えたとしたらいったいどうだろうか。誰がメッセージ（とその内容）を作ったと言えるだろうか。電話で話した人だろうか。テープに録音した人か？　警官？　新聞？　あるいはそれともこのようなことがどういう経緯で起こったのかを全く知らずに友達にその新聞を見せた人だろうか。

　時代は変わった。昔は、何もかもメディアのせいにしておけばよかったのだ。かつては、罪をなすりつける相手がいたのだ。そしてその当時は、誰が犯人かを教えてくれる善意の声もまたあったのである。芸術はかつて、マスメディアにとらわれていない人のために用意された避難所であった。そのような時代は永久に過ぎ去ってしまい、我々は再び全くはじめから、いったい何が起きているのかを問わねばならなくなったのである。

【解　答】

空所補充問題：［1］2　［2］3　［3］1　［4］3　［5］1　［6］3　［7］2
　　　　　　　［8］3　［9］3　［10］1　［11］2　［12］2　［13］2　［14］3
　　　　　　　［15］3　［16］1　［17］2　［18］2　［19］2　［20］1
内容一致問題：［1］4　［2］4　［3］2　［4］3　［5］1　［6］4　［7］3
　　　　　　　［8］1　［9］2　［10］4

【1行解説】

空所補充問題

［1］ though が逆説で、その前に maintains its tension「緊張感を保っている」とある。したがって、though 以降はそれと反対の内容にする。

［2］ 我々がキューブリックを賞賛したのは30年前のこととある。1カ月前にテレビを見たときのことが過去形で書かれてるので、それ以前のことであることを明示するためには had Vp.p をつかう。

［3］ new invention と a chains of reaction は「因果関係」。

［4］ 直後の media learn という部分は、その前の部分（they have no memory）とは特にはっきりした関係はない。そこで、別の話を付け足しているので「さらに」。

［5］ 空所［4］の前にある the head of the clan is confused with the latest great grandson を参照。「はじめ（the head）」と「末裔（the latest grandson）」を混同するのだから、はじめ（ancestor）＝末裔（imitator）に見えることになる。

［6］ up to は前置詞。ただそれだけ。

［7］（　　）or erased と、等位接続詞 or でつながっている。

［8］ 冷静に考えてみれば ignorant＝unconscious。したがってどちらも答えではない。正論をいえば、「違いがなくなる」のだから普通は「気づかなくなる」はず。学者は専門に研究しているから気づくこともある、ということ。

［9］ the cultivated,（　　）public という表現から、cultivated と矛盾しないものを入れる。

［10］ 直前の文に「メディアとの関係が変わった」とある。「関係」とは、お互いに働きかけをし合う状態をいう。相手が反応しなければ、あるいはこちらが反応しなければ、関係は成立しない。

［11］ We（　　）have to teach と we would attain が and によって結ばれている。ちなみに、we thought、は挿入されているのでこれが全体の主節。文頭に持っていって末尾に that を置く。

［12］ 手がかりはいくつかあるがどれも遠い。近くだけで強引に決めないこと。

160

この polo shirt が "the young look" だとか、characterize a generation とつながっていることを考える。

[13] they＝the young (and the old)。これを勝手に polo shirts と考えると泥沼。主語が代名詞の時は前の主語に一致、が原則。because をはさんで、The young buy…polo shirt と they（　）the young look が並列されているが、「理由は結論には同じ語句が出てくる」ことを考えると、polo shirt＝the young look だと分かる。後は buy に近いものを入れればいい。

[14] channel は元々「運河」という意味で「通り道」。

[15] sense の前に置く前置詞は in。

[16] there is no Ving を作るのだが、no longer は「否定の副詞」つまり not の親戚なので、no に変換するために any を足す。

[17] critic は「批評する人」この部分では「意図を批判する」となるので人は関係ない。

[18] 最後に compromise the investigations「捜査に支障を来す」とあるので、公表した、という意味の語を選ぶ。

[19] 後ろには「我々が誰かのせいにできた」理由が書かれている。この Because の用法は文法的には例外。

[20] かつてはそのとき誰が悪いか（その時点から見て、未来に誰が悪いことをするかは分かるはずがない）が明らかだったとあり、現在はその基準が消えてしまったというのだから、「現在」誰が悪いのかが分からないといっていることになる。つまり未来の話はしていないので、未来に当たる2と3は選択できない。

内容一致問題

[1] genealogical の意味を知らないことは問題ではない。まず直前に the media have a history but they have no memory とある。これを前提に、The mass media are genealogical because…と They have no memory because…を並列すれば、それぞれの because の前にあるもの同士が対応していると分かる。すると The mass media are genealogical＝the media have a history だと分かる。

[2]「2001年宇宙の旅」という映画と traditional arts を比較しているところを探す。すると、第4段落先頭 why this process does not occur in the tradi-

tional arts とあり、その答えは次の文、in the mass media it is not invention that dominates…であると分かる。media において支配的なのは「発明＝創造」ではないのだから、それに当たるものを選ぶ。

［３］問いに該当する文は第６段落第３文。この段落の先頭に Our relationship with the mass media has also changed とある。変わってしまったから、前のものは再検討が必要なのだ。

［４］該当箇所は第８段落第４文。どちらも、買った人間が宣伝もする、ということが書かれている。

［５］第７段落最終文にはじめて "media squared" という言い回しが出てくるが、ここには説明がないのであきらめる。第９段落第６文後半に、…as media of media, or in other words media squared とある。等位接続詞 or によって media of media と media squared が並び、しかも in other words とあるのでこの両者は同じことの言い換え。したがって、media of media に該当するものを選ぶ。

［６］この表現は第10段落に出てくるが、この段落ははじめに What about authority？とあって、authority に関して考えていることが宣言されている。

［７］第10段落に singer が出てくる。そこでは、「出費をまかなうためにポロシャツを宣伝する」とある。

［８］第10段落最終文が該当する。この文には挿入（, trained by the texts of twenty years ago,）があり、挿入は副詞になるから分詞構文。分詞構文には「理由」があるので、この部分と一致するものを選択肢から選ぶ。要は時代遅れだということ。

［９］後ろの方の問いだからといって本文の後半ばかり見ていてはいけない。第４段落最終文に it is hard to say that the Beatles are alien to the great musical tradition of the West とある。芸術とメディアの区別が付きにくくなっているのだ。

［10］第９段落や第10段落に畳みかけるように疑問形が続くが、これは結局のところ、そのどれだか分からないという意味。したがって、easy to trace the source と書いてある４が全く本文と反対であると分かる。

解法のルール [Point] 索引（1）

【構文解説】

❶

❷

164

166

168

解法のルール　Point　索引（2）

【解法（問題）解説】

❶

Point1.　語義選択問題対策…29　⊕
Point2.　英問英答対策…37　⊕
Point3.　文章の主題・題名を考察する…43　⊕

❷

Point1.　正しい日本語感覚を取り戻す（ないしはそのまま活かす）…69　⊕
Point2.　名詞を動詞化（述語化）して訳す…71　⊕
Point3.　M のかかる相手を決定する…72　⊕

❸

Point1.　空所補充問題の解き方…78　⊕
Point2.　接続詞を選択する3つの基準…83　⊕
Point3.　関係代名詞の省略の3条件…87　⊕

❹

Point1.　内容説明問題は難しいか？…121　⊕

❺

Point1.　ポイントを使って選択肢をしぼりこむ…146　⊕

170

【重要語彙の意味】総索引

animal…43 ⑦

anxiety…143 ⑥

attend…104 ⑦

be based on…114 ⑥

break…145 ⑥

colon(:)…96 ⑥

comma(,)…96 ⑥

concern(前後の語句で意味の変わる単語)…119 ⑥

condition…85 ⑦

context…71 ⑦

contribute…26 ⑥

counterpart…28 ⑥

culture…104 ⑦

decision-making…145 ⑥

decline(接頭辞で反対語になる単語) …121 ⑥

definition…84 ⑦

disease…23 ⑥

dash(-)…96 ⑥

equal…93 ⑥

equivalent…93 ⑥

especially…94 ⑥

follow…27 ⑥

identify…24 ⑥

息子、まさとへ──あとがきに代えて

　まさと。君がこの本を開いているということは、今は17歳くらいだろうか。それならば今パパは（「パパ」などという子供じみた呼び方や、子供向けの口調を許してほしい。何しろ今は本当は2000年で、まさとはまだ7歳、私も「パパ」と呼ばれることに慣れているからね）51歳ということになるね。高校もそろそろ卒業となれば、きっといろいろ考えたり、悩んだりすることがあるんだろうね。今の一番の悩みの種はなんだい？　ひょっとして、「パパ」かな？　それはとってもありそうなことだね。何しろ51歳にもなったら、相当な頑固親父になっているだろうから、きっとまさともパパの扱いに困っているだろうし。

　でもね、本当の問題は「パパ」なんかじゃない、たぶん。まさとくらいの歳になると、「なんでこんなこと勉強しなくちゃならないんだろう？」「なんで大学行かなくちゃいけないんだろう？」「僕は何のために生きてるのだろう？」というのが、本当は一番の問題なのじゃないかな。そう。まさとくらいの歳の人が、いろんな意味で「生きる」ことに対して一番まじめだからね。そして人は自分が生きることに、何かの意味を見出したい生き物なのさ。犬や猫は、そしてオケラやミミズは（たぶん）もちろん、「自分がなぜ生きてるのか」なんて考えない。神様はきっと気まぐれで、人間にだけそういうことを考えるような脳みそをくれたのさ。だから、このことを考えることはやめられない。それは本当は歳には関係ないんだ。若い人もお年寄りも、本当はみんな同じことを考えているんだ。

　ただ、パパは思うんだ。いくら自分が生きることに「意味」を見つけたいからといって、事実は無視しちゃいけないってね。その「事実」についてちょっと話そう。

　もうとうにまさとは知ってるかもしれないけれど、地球の寿命は、あと50億年なんだ。そのくらい経つと、太陽が水素原子をすべて燃焼し尽くしてヘリウムにかわる。太陽は質量が大きくないから、そのとき超新星爆発を起こしたり

はしないけれど、その後赤色巨星、白色矮星に変わっていく。もちろんその時点で地球も、地球上の生命も生き延びることは不可能なんだそうだ。それまでにどこか別の星に移住すればいいじゃないか、とまさとは思うかもしれないが、どうもそうはいかないらしい。どんな物体も光より速く移動できないことは証明済みだし、太陽系の近くには地球と同じような環境の星がなさそうだということもわかってきているし。つまり、地球上の生命はすべて、もちろん人類も含めて、太陽の消滅とともに消えていくことは、すでに決まっている、といってもいいんだよ。

　いや、もちろん、本当に何の方法もないのかどうかはわからない。でもね、そんなことは問題じゃないんだ。もし本当に人類が永久に生き延びる方法がないとしたら、人類が死滅した時点でそれまでのすべての人の人生は無意味なものになる、と考えられることが重要なんだ。そうなると、たとえ人類にどんな貢献をした人も、ピタゴラスも紫式部もシェイクスピアもアインシュタインも、その業績はおろか、存在の痕跡さえも一切合切が消えてしまう。何もやらなかったのと同じになるわけさ。もちろん、パパが今書いてるこの本も、何もかもが「なかったこと」になる。つまりね、そういう星に生きている以上、人が生きることにははじめから「意味」なんてないことになるんだよ。

　ショックを受けたのかい？　そうかもしれない。でも、それは曲げられない事実なんだ。人類が何らかの方法を見つけてどこかで生き延びることが出来ることが確定するまで、人類の存在には意味はないんだよ。

　そうすると、まさとは聞きたいかもしれない。「意味」がないのなら、何で生きてるの？　ってね。それに対して、パパはこう答えておこう。「それはね、好きで生きてるんだよ。人はみんな、生きることが好きなのさ」パパは、自分が生きているのが好きだ。なぜかって？　その理由はいろいろあるよ。もちろん、まさとに出会えたこともそのひとつだな。パパはまさとが生まれたときに立ち会ったけれど、本当にすごい、と思った。そのときにはもうパパは「人が生きるのには意味はない」と思っていたけど、でも、「意味もないのにこんなに生まれたがってるんだこの子は」という事実にとても感動したよ。まさとが生まれたその瞬間に、実はパパは確信したんだ。人は生きたいから生まれてきたんだ、ってね。そうなんだ。そう考えるとすべてが説明できるんだよ。生きたい、と

いうことは知りたい、ということでもある。だから人はいろいろなことに興味を持って勉強したくなる。え？　僕はまだあんまり勉強したくないって？　そうかなぁ。勉強というのは別に教室に座って先生のお話を聞くことばかりじゃないんだよ。ただね、どんな知識でも、それは最初はなかったんだよね。誰かが発見し、整理し、まとめたんだ。つまり、それはその人が生きた証でもあるんだ。もちろん、人類が消えたら、その知識も何も残らない。でもよく考えてみると、人類が消えてからその知識が残らなくても別にいいんだ。その人は、ただほかの人に伝えたくて、その何かを発見したんだからね。でもそういった知識のおかげで、あとから生まれた人はまた何かを考え出したり出来るんだよ。つまり人は次々に、後の世代の人の遊び道具を作っているのさ。せっかくその人たちが作ってくれた遊び道具なんだから、それを使って楽しく遊ぼう、っていうのが「勉強」というものの企画なんだとパパは思うよ。そうすれば次の人にまた遊び道具を残していける、と。

　もう一つ、好きで生きてるんだと考えると、解けるなぞがあるよね。たとえば、悩み事がある、悲しいことがあった、好きな人が振り向いてくれない、と人間なんていつもそんなことばかり考えているよ。でもね、そういう自分をだめだなんて思う必要はまったくない。何しろ、どう生きても意味はないんだから、どう生きてもだめってことはないんだよね。もちろん、生きていく上では守らなくちゃならないルールはあるけど、それは別の話。それより、つらいこと、悲しいことは、そう感じられるから起こるわけだよ。道端の石ころは蹴飛ばされても悲しいとは思わない。生きていないからね。でも人間は悲しむことが「できる」。これは大きな違いだよね。だから、どんなに悲しいことやつらいことがあっても、それで生きていたくなくなる、なんていうのは、言い方は悪いけれどちょっとした勘違いなんだと思うよ。いやもちろん「悲しい」ことが快楽だなんていうつもりはないよ。いやに決まってる。でも、「悲しい」も人が生きている証であることは間違いない。別の言い方をすれば、「悲しい」のは「生きていたい・生きるのが好き」という気持ちの違った現れ方なんだよ。だから、パパはまさとに悲しい出来事に遭わないように、なんて言うつもりはない。悲しい出来事に遭ったら、いっぱい悲しんでね、といいたい。悲しんでもいいんだよ。悲しんで悲しんで、耐えられなくなりそうだったら、ふと思い出せばい

いんだ。人が生きることには意味はないんだってね。いいも悪いもない。だから悲しんでいけないことなんかない。そういう自分を大切にしてやろう、って考えるんだ。

　将来のことを考えるときも、お金だの地位だのなんてことは考える必要はないんじゃない？　何しろ、どんなにえらくなってもそれに意味があるわけじゃないんだから。誤解してはだめだよ。えらくなろうとしてはいけない、って言っているんじゃないんだ。えらくなりたければ、なろうとすればいい。でも、それはまさとが好きでやっていることであって、誰かのために、とか何かのために、とか考えるのは間違いだと思うんだ。それこそ自分が国を動かす力になってみたいのなら、その道を行けばいい。どんなにえらくなってもパパは応援するよ。人を助ける仕事に一生を捧げたい、って思うのならそうするのもいいかもしれない。あるいは、何かを研究したいとか、作りたい、とか、そう思うんなら、それでもいいんだと思う。でもね、ひとつだけ言っておいていいかい？

　どんなことでも、それなりに成果が見えてくるには時間がかかるってことさ。簡単に出来るようになることなんかないし、あってもまた多分つまらないはずさ。だって、本当に楽しいのは、出来るようになるための苦労そのものなんだから。そりゃ苦しんでるときは楽しさなんて感じない、と思うかもしれないけれど、楽しさなんてものは、そもそも感じるものでさえないのさ。楽しさは、まさとが生きている限りいつでも、そこに「ある」んだ。勉強していてわからないことがあるとき、仕事していて壁にあたったとき、人とのつながりで苦労するとき、実はその瞬間がまさとは一番生きていて、楽しいのさ。

　勘違いしちゃだめだよ。パパは何でもやればうまくいくなんて安請け合いしているわけじゃあないんだ。もちろん、うまくいかないことだってあるさ。でもいいんだよ。うまくいくかどうかには、そんなに大きな意味があるわけじゃない。時には頭を時には体をフルに使って何かに挑戦しているときが、実は一番生きているときなのさ。

　もうひとつだけ言っておいていいかい。生きているのが好き、っていうことは、人と話すのが好き、っていうのと同じさ。だから、言葉は大切にしようね。言葉は、まさととほかの人を、まさとと世界をつなぐ唯一の糸だよ。言葉が十分に使えないと、本当の意味では楽しく生きられないのさ。この言葉、という

のは英語でなくてもいいんだ。日本語でもほかの何語でもいい。どんな言葉でも、ちゃんと話せる・読める・聞ける・書けることが出来れば、人とまさとをつなぎ、楽しさを十分に伝えることが出来るようになる。そのほうが、楽しいでしょ？　言葉がちゃんとしてくると、考えもちゃんとしてきて、考えがよくなると言葉もよくなる、言葉と考えの間にはそういう関係があるからね。

　さて、そろそろ終わりにしなくちゃ。最後にもう一度言っておくけれど、まさとやパパが生きてることには特段の意味はない。まぁ、好きで生きてるだけだね。でも、好きで生きているからこそ生きるのは楽しいんだし、そうやって好きで生きてる人にとって、人生とは生きる価値のあるものだ、とパパはつくづく思う。

(2000. 7 .20)

＊　　　　　＊　　　　　＊

　上のようなあとがきを書いてから11年が経過した。まさと、は磨慧（これがうちの息子の名前の漢字表記である。坊さんみたい、とか言わないように）になり、気がついたら大学生になっていた。そして気がついたら、親父の情緒的な「あとがき」なんぞには鼻もひっかけないような厚かましい、もとい頼もしい若者になっていた。

　それにしても子どもというのは親にとってまさにこの世の奇跡、驚嘆の泉である。ウルトラマンとポケモンと遊戯王にしか興味を示さなかった私のリトルモンスターは、いつの間にか第二外国語にロシア語（！）を選択し、かっこよすぎて不釣り合いな帽子を目深にかぶり、数学者になる（「なりたい」ではない、「なる」である）、などとつぶやく世にも不可思議な若者に変化した。大学の近くで一人暮らしを始めるにあたって、彼が最初に所望したものは「黒板」である。本当に、いくつになっても親を驚かせてくれる。

　おそらくは本書の読者たる諸君の親にとって、諸君はやはりかけがえのない驚きの泉である。ぜひ今後も親を驚かせて、常識に安住しようとする大人の怠惰を打ち破ってくれたまえ。

　そんな分かったようなことを思いつつ、自分の息子については「数学者にな

ろうと思ったが職にあぶれ、気づいたら予備校の数学の先生になっていた」などというシャレにならないオチがつくのではないか、と内心ハラハラしながら見守る毎日である。

あとがき、のあとがきに代えて
2011年8月
筆　者

＊　　　　　＊　　　　　＊

2020新装版へのあとがき

　今回、新装版発行にあたって、新しい「あとがき」を書いてくださいと依頼され、編集者から送られてきたPDFを見て初めて、これが「2回目の」新装版であることに気づいた。我ながらなんとも間抜けな話である。しかも改めて自分の本棚を見ると、最初の装丁の本は誰かに持っていかれたらしく影も形もない。最初のあとがきに出てくる息子はとうの昔に大学を出て社会人になり、次に連絡してくるのは、オレオレ詐欺と見紛う金の無心か、どこかのお姉さんの父親に土下座してくれと頼まれるかのどちらかだろう。諸君、人生は短く、時が経つのは酷いほど速い。

　だが、そんな中で、極めて長期に渡って変わらないものがある。それは「言語」と「論理」だ。英語が現在の形になったのは、1800年ころと言われており、それ以降は単語の意味の変転などはあるにしても、基本はずっと同じである。また、その「言語」によって展開される「論理」も、これはほとんど古代ギリシャ以来変わっていない。入試問題にしても然り。特に英語の場合、同じ言語の同じ論理を材料に問題を作るので、時代が変わり、試験の名称が変わっても、見かけこそ斬新でも内実は十年一日のごとしである。だから、「新装版」という、新しい革袋に古い酒を入れたものであっても、十分に時代の検証に耐えうると思う。

　私などがむしろ心配なのは、今の世の中、世界のどこを見渡しても、新装版

だらけのような気がすることである。政治の世界は二世ばかり、音楽をとっても文学をとっても技術をとっても、ロックンロールや安部公房やトランジスターのような、既成概念をひっくり返すような大きな力を持つ若者が見当たらず、どの世界でも今やいい歳のおじちゃんおばちゃん、じいちゃんばあちゃんが活躍している。少子化で競争が少ない分、磨かれる石も少ないのか。そんなことでは困るのだな。だから私としては、本書やその前提である『英文読解100の原則』が一種砥石のような存在となって、若い人の知性を研ぎ澄ますことに一役でも二役でも買いたいと、この新装版を前にして改めて思うものである。

　願わくば数多くの若い諸君、いや生物学的にはロートルでも心と知性の若い諸兄姉が本書を通じて「言葉と渡り合う」ことの意味と楽しさに目覚め、それをきっかけに様々な分野で期を画するが如き進歩を生み出さんことを、と祈りつつ第2の新装版のあとがきとする。

2020年9月
富田一彦

富田 一彦（とみた かずひこ）

1959年東京生まれ。東京大学文学部英語英米文学専修課程修了。1986年より代々木ゼミナール講師。一点のあいまいさも残さぬ精緻な構文分析、論理展開の講義は「富田の英語」として代ゼミにとどまらず全国の受験生から高く支持されており、英語教育界に大きな影響を与えている（のか？）。モットーは「英語は五歳児の記憶力・理解力・判断力だけで正しくコントロールできるもの」、趣味は「締め切りを守らないこと」。夢は「締め切りのない生活」。好きな食べ物は「最中」以外。嫌いな食べ物は「高いもの」。愛車は柄にもなくPorsche。既著に『富田の英文読解100の原則』、『The Word Book とみ単』、『試験勉強という名の知的冒険』、『キミは何のために勉強するのか』（以上、大和書房）、『富田の入試英文法』（代々木ライブラリー）などがある。

[新装版] 富田の英語 長 文問題 解法のルール144　下（げ）

2000年 8 月25日　第 1 版第 1 刷発行
2011年 9 月 1 日　第 2 版第 1 刷発行
2020年11月 1 日　新装版第 1 刷発行

著　者—————富田　一彦（とみた　かずひこ）
発行者—————佐藤　靖
発行所—————大和書房（だいわ）
　　　　　　　　東京都文京区関口1-33-4
　　　　　　　　電話　03-3203-4511

装幀—————tobufune
本文デザイン———福田和雄

本文印刷—————暁印刷
カバー印刷————歩プロセス
製本所—————ナショナル製本

富田一彦

［新版］
富田の【英文読解100の原則】
上 下

いくらやっても報われるか分からない「暗記主義」から
諸君を解放し、かけた労力に見合うだけの成果を期待で
きる方法を伝授する！

定価（本体各1200円+税）